W0336720

Danksagung:
Der Verlag und The Beaufort Sukhothai möchten folgenden Personen und Institutionen, die diesem Buch Antiquitäten, Kunstobjekte und Tafelgeschirr zur Verfügung gestellt haben, für ihre großzügige Unterstützung danken: Neold Collection, The Lotus Shops, Narayana Phan Pavilion, Fine Art, Siam Benjarong, Khun Saipin Laocharanu (alle in Bangkok) und Mr Steven Seah von Her Sea Palace, Singapur.

Originaltitel: Periplus World Cookbooks – The Food of Thailand
Rezepte: Sven Krauss, Laurent Ganguillet, Vira Sanguanwong
Fotograf: Luca Invernizzi Tettoni
Einleitung: William Warren
Redaktion der Originalausgabe: Wendy Hutton
Übersetzung aus dem Englischen: Michael Stachels
Erstellt in Zusammenarbeit mit The Beaufort Sukhothai
Umschlaggestaltung: Christina Ong
Produktion: Mary Chia, Violet Wong

Vertrieb:
Deutschland, Österreich, Schweiz und Südtirol
ReiseArt DienstleistungsCentrum Erfurt GmbH
Wilhelm-Wolff-Strasse 1
99099 Erfurt

Asien und pazifischer Raum
Berkeley Books Pte Ltd
5 Little Road #08-01
Singapore 536983

© 1998 PERIPLUS EDITIONS (HK) LTD
Erste deutsche Ausgabe, 2000
ISBN 962-593-792-7
Printed in Singapore

KOCHEN UND GENIESSEN WIE IN

THAILAND

Eßkultur und Originalrezepte aus dem goldenen Königreich

PERIPLUS

Inhalt

Teil I: KULINARISCHE TRADITION

TEIL II: DIE THAI-KÜCHE

Teil III: DIE REZEPTE

Teil I: Kulinarische Tradition

„Im Wasser gibt es Fische,
auf den Feldern gibt es Reis."

Obige berühmte Steininschrift wird König Ramkhamhaeng von Sukhothai zugeschrieben, dem ersten unabhängigen Thai-Reich, im frühen 13. Jahrhundert geründet. Sie weist auf einen Naturreichtum hin, der eine Reihe von Hauptstädten entlang des fruchtbaren Flußtals des Chao Phraya gedeihen ließ, und auch auf die zwei Hauptnahrungsquellen der Thais – damals wie heute.

Der Reisanbau geht auf die frühesten Siedler zurück, lange bevor die Thais selbst auf dem Plan erschienen. Es entstand ein riesiger Komplex von Reisfeldern, bewässert von einem kunstvollen System aus Kanälen, Flüssen und Reservoirs. Fische waren ebenso reichlich vorhanden – nicht nur in den zahllosen Wasserstraßen, sondern auch in den Meeren.

Zu diesen Grundnahrungsmitteln kamen nach und nach andere hinzu, die im Lauf der Jahrhunderte aus einer großen Vielfalt von Kulturen – nahen wie fernen – stammten: etwa aus China und Indien, aus Persien und Portugal. Selbst so wichtige Zutaten wie die scharfen Chilis führte man aus dem fernen Südamerika ein. Wie auch immer der Ursprung: Ingredienzien wurden stets modifiziert und in die eigenständige Thai-Küche integriert.

Die Herrlichkeit der klassischen Thai-Küche wurde lange Zeit von der Außenwelt nicht wahrgenommen. Als einziges Land Südostasiens blieb Thailand während der Kolonialära unabhängig, weshalb nur wenige Besucher aus dem Westen die einzigartigen Mischungen von scharf und süß, von sauer und salzig kosteten – trotz oberflächlicher Ähnlichkeit so ganz anders als die Gerichte Indiens, Malaysias und Indonesiens.

Selbst jene, die länger blieben, kamen nicht in den Genuß der authentischen Kost. Von Ausländern frequentierte Restaurants in größeren Städten wie Bangkok waren bis vor relativ kurzem entweder chinesisch oder europäisch. Meist konnte man nur in Privathäusern die schmackhaften traditionellen Gerichte kosten, die in stundenlanger Vorbereitung von geschickten Händen zubereitet wurden – unter Verwendung althergebrachter Methoden.

All das hat sich natürlich dramatisch geändert. Etwa seit einer Dekade ist die Thai-Küche zu einem internationalen Phänomen geworden, mit zahllosen Thai-Restaurants von Sydney bis Stockholm. Westliche Chefköche finden in ihr frische Inspiration, und allgemein entdeckt man ihre bemerkenswerte Vielfalt. Selbst in Thailand sind regionale Varianten weit mehr verbreitet als zuvor, und es gibt nun elegant ausgestattete Lokale, die sich auf die raffinierte Kunst der „Palastküche" spezialisieren.

Die Thai-Küche ist in eine neue Ära eingetreten, die ihr noch mehr Wertschätzung einbringen wird.

Seite 4–5: *Mönche durchqueren den Hof eines Tempels in der nördlichen Stadt Chiang Mai.* ***Links:*** *Dieses bezaubernde Gemälde beschwört das Dorfleben herauf. Trotz des Florierens Bangkoks und anderer Städte lebt die Mehrzahl der Thais immer noch in Dörfern.*

Land und Leute

Topographische und kulturelle Vielfalt: Ein Land, so abwechslungsreich und komplex wie seine Menschen

Je nach individueller Veranlagung beschwört Thailand unterschiedliche Bilder herauf. Für manche ist es eine Vision à la *Der König und ich,* mit goldenen Tempeln und Palästen, für andere ein Idyll palmenbestandener Strände mit schneeweißem Sand, ein exotisches Stammesdorf in nebligen Bergen oder die Großstadtverlockung Bangkoks. Es handelt sich um gültige Einzelimpressionen, die aber im Hinblick auf das Ganze irreführend sind, denn Thailand ist eine komplexe Melange und das Resultat einer einzigartigen Geschichte.

Thailands Zentralebene ist eine der üppigsten Reisanbauregionen der Welt.

Auf einer Fläche von etwa 514 000 qkm – ungefähr der Größe Frankreichs – gibt es große topographische Unterschiede. Die Berge im fernen Norden, wo Thailands Grenzen auf jene von Burma und Laos treffen, erheben sich auf über 2500 Meter, mit grünen Tälern und den Überbleibseln einst ausgedehnter Teakwälder.

Der Nordosten besteht aus einem welligen, halbtrockenen Plateau, das sich bis zum Mekong hinzieht, während die flache Zentralebene, vom Chao Phraya bewässert, eine der üppigsten Reisanbauregionen der Welt bildet. Der schmale südliche Isthmus, der sich bis Malaysia hinunter erstreckt, grenzt an einer Seite an den Golf von Thailand und auf der anderen an den Indischen Ozean; in seiner Mitte verläuft ein Grat zerklüfteter Kalksteinberge.

Ein meist mildes Klima ermöglicht den ganzjährigen Anbau von Feldfrüchten, von Früchten und Gemüse. Auch heute, trotz des Wachstums urbaner Zentren, lebt die große Mehrheit der Bevölkerung in Dörfern von etwa 150 Haushalten (ca. 700 Seelen), die sich von der Landwirtschaft ernähren. Weitere natürliche Ressourcen sind eine Vielfalt von Mineralien, Edelsteinen wie Rubine und Saphire sowie reichlich Meersfrüchte an den zwei langen Küstenabschnitten am Indischen Ozean im Westen und am Südchinesischen Meer im Osten.

Die Thais waren nicht die ersten, die von diesem Land des Überflusses angezogen wurden. Überreste von Siedlungen aus dem Paläolithikum (vor etwa 500 000 Jahren) sind in verschiedenen Teilen des

Landes gefunden worden. Archäologen entdeckten in einer Höhle nahe der burmesischen Grenze karbonisierte Reste von Pflanzen wie der chinesischen Wassernuß, dem Flaschenkürbis und der Gurke, die auf 9700 bis 6000 v. Chr. datiert wurden. Die wichtigsten prähistorischen Funde machte man im Nordosten, wo eine bemerkenswerte Kultur von etwa 4000 v. Chr. bis kurz nach Anbruch der christlichen Ära florierte. Zu ihren Errungenschaften gehörten der Reisanbau und die Bronzeverarbeitung.

Indische Händler etablierten später Häfen an der südlichen Halbinsel. Sie brachten nicht nur den Buddhismus, sondern auch andere kulturelle und kulinarische Einflüsse mit. Mon-Siedler trafen ca. zur selben Zeit im Chao-Phraya-Tal ein und gründeten das Dvaravati-Reich, ein Zentrum der Religion und des Reisanbaus. Die Khmer, deren Reich einst den Nordosten und einen Großteil der Zentralregion einnahm, lösten sie von der Macht ab.

Die ethnischen Thais, die einst als Minderheit in der Region des heutigen Südchina lebten, wanderten auf der Suche nach besserem Boden und größerer Unabhängigkeit nach Süden. Die ersten Gruppen ließen sich im fernen Norden nieder, eine lose Föderation von Stadtstaaten um Chiang Mai bildend. Andere Gruppen zog es weiter hinunter in die nördlichsten Bereiche der Zentralebene. Bis zum 13. Jahrhundert hatten sich die Thais zahlenmäßig so etabliert, daß sie ihre Khmer-Oberherrn entmachteten und ihr eigenes Reich gründeten.

Dieses Reich hieß Sukhothai, was auf Sanskrit „Dämmerung der Glückseligkeit" bedeutet, und obwohl seine Macht weniger als zwei Jahrhunderte andauerte, sollte sein Einfluß weitaus beständiger sein.

Die Nahrung spielt in Thailand eine überaus wichtige Rolle, sei es bei einem religiösen Fest oder beim einfachen Mittagsmahl eines Bauern am Rande eines Reisfelds.

Unter König Ramkhamhaeng, dem größten Sukhothai-Herrscher, wurde das Thai-Alphabet aus der Taufe gehoben, entstanden herrliche Werke buddhistischer Kunst und eine wirklich eigenständige Thai-Kultur.

Ayutthaya, die nächste Metropole, nahm 1350 ihre Anfänge als kleiner Stadtstaat am Chao Phraya und entwickelte sich in den folgenden 400 Jahren zu einer der kosmopolitischsten Städte Südostasiens.

Zahllose neue Ingredienzien kamen in dieser Periode zur kulturellen Melange der Thais hinzu. Die ersten Kontakte mit Europa wurden geknüpft und ein aktiver Handel mit anderen asiatischen Ländern betrieben. Während seiner Blüte im späten 17. Jahrhundert hatte Ayutthaya mehr Einwohner als London und über ein Dutzend verschiedener Kulturen.

Weniger als ein Jahrhundert später fiel Ayutthaya an die eindringende burmesische Armee, welche die große Stadt niederbrannte und ihre Einwohner vertrieb. Die Thais fanden jedoch bemerkenswert schnell neue Kräfte, verwiesen die Burmesen innerhalb von 15 Jahren des Landes und gründeten ein Stück flußabwärts die provisorische Hauptstadt Thonburi. Im Jahr 1782 bestieg ein dynamischer junger Militärführer den Thron als König Rama I., gründete die Chakri-Dynastie und verlegte die Metropole – heute Bangkok – auf die andere Seite des Chao Phraya.

Mitte: *In der geschäftigen Erntesaison, wenn die Reisgarben von Hand geschnitten und oft auf der Stelle gedrescht werden, nimmt man das Mittagsmahl an einem schattigen Platz bei den Feldern ein.* ***Rechts****: Reisfelder von oben betrachtet: ein Schachbrettmuster verschiedener Farben.*

Bangkok beschwor zunächst das untergegangene Ayutthaya herauf. Viele der frühen Paläste und Tempel waren Nachbauten jener der alten Metropole, und hier wie dort gab es ein Netzwerk von geschäftigen Kanälen, die als Straßen dienten.

Doch mit wachsendem Wohlstand änderte sich vieles dramatisch. Obwohl fähige Chakri-Herrscher die Unabhängigkeit des Reiches zu bewahren vermochten, strömten zahlreiche chinesische Immigranten in die neue Stadt und trugen gemeinsam mit westlichen Händlern zu deren Vielfalt bei. Ende des 19. Jahrhunderts war Bangkok im Begriff, eine moderne und im Erscheinungsbild fast westliche Stadt zu werden.

Auf dem Land änderten sich die Dinge nur allmählich, denn hier herrschten uralte Muster vor. Einige Regionen wie der ferne Norden und der Nordosten blieben sogar bis ins 20. Jahrhundert hinein relativ isoliert und bewahrten regionale Eigenarten – darunter auch kulinarische und kulturelle. Selbst Bangkok ist hinter seiner Fassade mehr Thai, als es zahlreiche Besucher wahrnehmen, denn ein Großteil der Bevölkerung besteht aus Dorfbewohnern, die zwar auf der Suche nach Arbeit von der Stadt angezogen wurden, aber ihre traditionelle Lebensweise bewahrt haben.

Die Thais sind berühmt für ihr blendendes Lächeln, ihre Freude an *Sanuk* (Spaß) und ihre Anpassungsfähigkeit, haben aber auch andere Eigenschaften: eine Zähigkeit, die ihnen bei Territorialdisputen zugute kam, eine Leidenschaft für Unabhängigkeit sowie vor allem die Fähigkeit, Fremdeinflüsse zu absorbieren und dabei ihre Identität zu bewahren.

Die Evolution der Thai-Küche

Die Entwicklung eines einzigartigen kulinarischen Mosaiks

Mitte: *Ein Wandgemälde des späten 19. Jahrhunderts zeigt, wie man auf traditionelle Weise auf dem Boden sitzend mit der Hand ißt.* ***Rechte Seite:*** *Das Reich Sukhothai (Dämmerung der Glückseligkeit) hat im 13. Jahrhundert herrliche buddhistische Kunstwerke hervorgebracht.*

Eines der bemerkenswertesten Merkmale der dekorativen Kunst Thailands ist die Liebe fürs Detail, die besonders bei den komplexen Mosaiken aus Buntglas und Porzellan auffällt, welche so viele religiöse Gebäude zieren. Aus der Ferne suggerieren sie ein nahtloses Muster; nur bei näherer Betrachtung sieht man die einzelnen, geschickt zusammengesetzten Bestandteile.

Es besteht eine Analogie zwischen solchen Mosaiken und vielen Aspekten der Thai-Kultur, einschließlich der Küche. Auch hier findet man eine große Vielfalt an Elementen versammelt und kunstvoll zu einem einzigartigen Gebilde arrangiert.

Wenig ist über die Kochkunst Sukhothais bekannt, wo so viele der charakteristischen Aspekte der Thais erstmals entstanden. Aus König Ramkhamhaengs berühmter Inschrift geht jedoch hervor, daß Reis und Fisch die Hauptnahrungsmittel waren. Früchte gab es zweifelsohne ebenfalls reichlich, wie auch Pilze, die wild in den Wäldern wuchsen, und eine Reihe von Gemüsesorten. Jedoch noch nicht vorhanden war der heute allgegenwärtige Chili, der aus Zentral- und Südamerika stammt und in asiatischen Küchen erst mehrere Jahrhunderte später nach der Ankunft der ersten Europäer auftauchte.

Ein klareres Bild können wir uns von Ayutthaya machen, was vor allem französischen Besuchern des 17. Jahrhunderts zu verdanken ist, die in ihren Berichten über das Reich dem Kulinarischen typischerweise sehr viel Platz einräumten. Simon de la Loubere zum Beispiel, der 1687 mit einer diplomatischen Gesandtschaft eintraf, fiel auf, daß die Menschen in Maßen aßen. Gutes Salz, so befand er, war ein rares Erzeugnis, und frischer Fisch wurde selten gegessen.

„Ein Siamese", schrieb er, „bereitet ein sehr gutes Mahl mit einem Pfund Reis pro Tag zu, das nicht mehr als einen Viertelpenny kostet, und mit ein wenig getrocknetem oder gesalzenem Fisch... Ihre Soßen sind einfach, ein wenig Wasser mit einigen Gewürzen, Knoblauch oder süßen Kräutern. Sie schätzen sehr eine senfähnliche Soße, die aus verdorbener Languste besteht; sie nennen sie *Kepi*."

Der Jesuitenmissionar Nicolas Gervaise bemerkte über die beliebte fermentierte Garnelenpaste *Kapi*, sie habe einen solch stechenden Geruch, daß sie bei jedem Übelkeit hervorruft, der nicht daran gewöhnt ist. Er überlieferte auch das vielleicht erste Rezept für eine typische Thai-Würze: „Salz, Pfeffer, Ingwer, Zimt, Gewürznelken, Knoblauch, weiße Zwiebeln, Muskatnuß und verschiedene sehr schmackhafte Kräuter mit beträchtlichen Mengen dieser Garnelenpaste vermischt."

Aus diesen Berichten wird ersichtlich, daß die Thai-Küche trotz ihrer scheinbaren Einfachheit bereits komplexer wurde. Das Vorhandensein von Gewürznelke und Muskatnuß läßt auf den Handel mit Ostindien schließen, und die Tatsache, daß zahlreiche Chinesen, Japaner, Malaien und Inder in Ayutthaya lebten, weist auch auf andere Einflüsse hin. Keiner der französischen Autoren erwähnte die Chilis, doch sie wurden vermutlich bereits verwendet, entweder von den Portugiesen (ab 1511) eingeführt oder über Malakka bzw. Indien. Die Portugiesen waren auch für eine Reihe von heute noch beliebten Thai-Süßigkeiten auf der Basis von Eigelb und Zucker sowie wahrscheinlich für die Einfuhr der Tomate aus der Neuen Welt verantwortlich.

Die vielfältigen Gewürze, die heute als typisch für die Thai-Küche gelten – darunter auch die Chilis –, waren mit Sicherheit schon während der Rattanakosin- oder Bangkok-Periode in Gebrauch. Ein Bericht von Sir John Bowring aus dem Jahr 1855 belegt dies: „Die Siamesen bereiten beträchtliche Mengen von Curry für ihre Gerichte zu. Diese sind generell so scharf, daß sie den Mund eines Europäers verbrennen."

Bowring lernte offensichtlich die Thai-Küche schätzen, etwa die Grundsoße *Nam Prik*, die „zubereitet wird, indem man eine kleine Menge roten Pfeffers in einem Mörser zerstößt und *Kapi* (Garnelenpaste), schwarzen Pfeffer, Knoblauch und Zwiebeln hinzugibt. Sind diese Zutaten gründlich vermischt, fügt man eine kleine Menge Lake und Zitronensaft bei. Ingwer, Tamarinde und Flaschenkürbiskerne werden auch verwendet. *Nam Prik* ist eine der Würzen, die den Appetit anregen."

Reisnudeln, ein Teil von Chinas kulinarischem Vermächtnis, waren vermutlich bereits in Ayutthaya verbreitet, aber mehr noch in Bangkok. Mit Thai-Aromen versehen, handelte es sich um ein beliebtes Frühstücksgericht. Verkäufer boten ein schnelles Mahl, *Kwaytiaow* (pfannengerührte Nudeln mit Gemüse, Fleisch oder Garnelen), an – in Booten auf den Kanälen, die die Metropole durchzogen. Heute tun sie dies auf fast allen Gehsteigen der Stadt.

Eine raffiniertere Kochkunst wurde in aristokratischen Haushalten gepflegt. Sie wird manchmal als „Palastküche" bezeichnet und erforderte nicht nur große Fertigkeit beim Vermischen der verschiedenen Zutaten, um die subtilsten Geschmacksnuancen zu erzielen, sondern auch die Fähigkeit, für die Präsentation eines Gerichts Früchten und Gemüse durch Schnitzerei dekorative Formen zu verleihen. Das Zentrum dieser Künste war das Frauenquartier des Großen Palastes.

Thai-Gerichte können auch heute noch einfach oder kompliziert sein, in wenigen Minuten über einem Kohlenfeuer zubereitet oder nach stundenlanger Vorbereitung. Stets handelt es sich dabei jedoch um ganz einzigartige Kreationen.

***Links**: Kräutermedizin wird immer noch nach Rezepten zubereitet, die aus alten Manuskripten stammen.*

Regionale Kochkunst

Charakteristische Variationen zu einem Grundthema in einem Land geographischer Vielfalt

Vielleicht die Mehrzahl der ausländischen Liebhaber der Thai-Küche hat diese in Restaurants außerhalb Thailands kennengelernt oder während eines Besuchs, der sich vor allem auf Bangkok beschränkte. Vielen ist nicht bewußt, daß die Küche des Landes von Region zu Region variiert, manchmal auf geringfügige Weise, die nur ein Experte richtig schätzen kann, und mitunter ganz erheblich. Eine Reise durch die Provinz bietet so neben landschaftlichen Attraktionen auch kulinarische Erlebnisse.

***Linke Seite**:* Kantoke *ist ein Mahl, das man an einem niedrigen runden Tisch zu sich nimmt, und die traditionelle Weise, im Norden Thailands zu speisen.*
***Mitte**:*
Mädchen aus der nördlichen Stadt Lampang.

Im bergigen Norden etwa, an den Grenzen zu Burma und Laos, ist die Küche so eigenständig wie das berühmte Kunsthandwerk. Dort ließen sich die ersten Thais nieder, in südlicher Richtung aus China kommend. Sie gründeten eine Gruppe kleiner Stadtstaaten und dann eine lose Föderation namens Lanna, mit Chiang Mai als Hauptstadt.

Im Lauf der Jahre gab es Konflikte sowohl mit Burma als auch mit dem aufstrebenden Thai-Reich Ayutthaya in der Zentralebene. Selbst nachdem das Reich Lanna der Kontrolle Bangkoks unterstellt war, blieb es bis zur Schaffung einer Schienenverbindung im Jahr 1921 vom Rest des Landes abgeschieden.

Als Folge dieser langen Isolation vermochte der Norden viel von seiner Kultur zu bewahren, von seiner Sprache (so verschieden von jener Zentral-Thailands wie das Spanische vom Portugiesischen), von seinem Handwerk (Lackarbeiten, Silberarbeiten und Holzschnitzereien), von seinen Bräuchen (eine Wasserschale vor dem Haus soll Passanten erfrischen) und seiner Küche.

Statt des weichen gekochten Reises der Zentralregion bevorzugt man im Norden gedünsteten Klebreis, zu kleinen Klößen gerollt und in flüssige Gerichte getunkt. Die Currys der Region neigen dazu, dünner zu sein, und kommen ohne die Kokosmilch der zentralen und südlichen Küche aus. Es gibt auch eine lokale Variante von *Nam Prik Ong*, einer Basistunke, die mit rohem Gemüse und knuspriger Schweinskruste serviert wird, sowie eine Schweinswurst namens *Naem*, die man mit Reis oder anderen Gerichten ißt. Die beliebteste saisonale Frucht ist die saftige *Longan*.

Die Einflüsse der Nachbarländer Burma und Laos machten sich bei vielen Gerichten des Nordens bemerkbar. Burma zeichnet beispielsweise für das beliebte *Khao Soi* verantwortlich, eine Currybrühe mit Eiernudeln und Huhn, Schwein oder Rind, sowie für *Gaeng Hang Lay*, ein Schweinscurry, das mit Ingwer, Tamarinde und Kurkuma gewürzt wird. Aus Laos stammen *Nam Prik Noom*, eine Soße mit einem starken Chili-Zitronengeschmack, und *Ook Gai*, ein rotes Hühnercurry mit Zitronengras.

Die traditionelle Art der Bewirtung im Norden ist das *Kantoke*-Mahl. Der Name leitet sich von *Kan* (Schale) und *Toke* ab, einem niedrigen, runden Tisch aus geflochtenem Bambus. Die Gäste sitzen auf dem Boden um den Tisch und nehmen sich von den diversen Gerichten, die von der aufmerksamen Gastgeberin gereicht werden.

Zu frischen Pilzen, die wild in den Wäldern wachsen, gesellen sich nun verschiedene Sorten gezüchteter Pilze.

Wie der Norden galt auch Nordostthailand lange als weit vom kosmopolitischen Bangkok entfernt. Dies hatte jedoch weniger geographische Gründe, sondern ging auf soziale Vorurteile der Stadtbewohner zurück. Isan – so die Thai-Bezeichnung für den Nordosten – war die ärmste der vier Regionen des Landes, mit unfruchtbarer Erde und verheerenden Dürren, welche die Bauern auf der Suche nach Arbeit oft in die Hauptstadt trieben.

Einige Außenstehende betrachteten die Küche Isans als „seltsam", und manche der Delikatessen der Region sind in der Tat im Vergleich mit dem Angebot der anderen Gegenden ungewöhnlich: Larvenwürmer und Heuschrecken etwa sowie Ameiseneier, Schneckencurry und fermentierter Fisch von außergewöhnlicher Schärfe. Doch in zunehmendem Maß sind andere, weniger exotische und für die Region typische Gerichte populär geworden, die nun sogar auf den Speisekarten gehobener Restaurants in Bangkok stehen. Kenner betrachten einen richtig zubereiteten *Som Tam* (würzigen grünen Papayasalat) oder *Laab* (noch würzigeres Hackfleisch vom Schwein oder Huhn) als wahres Gütezeichen eines Thai-Koches, wo immer er seinen Beruf ausübt.

Die Bewohner Isans haben eine beachtliche Fertigkeit bei der Zubereitung von Gerichten, was sich in Phantasie und Einfallsreichtum bemerkbar macht. Gegrilltes Huhn (*Gai Yang*) wird mit einer pfeffrigen Soße und Knoblauch zubereitet, Katzenfisch ist die Basis eines leckeren Currys, und *Laab Dip* wird mit rohem Fleisch und geröstetem Reispulver angerichtet.

Für *Haw Mok* wird Fisch mit Currypaste gemahlen und dann im Bananenblatt gedünstet – ein geschmackvoller Pudding. Das relativ seltene Rindfleisch wird mariniert und gegrillt, wobei Reste davon mit frischer Minze, grünen Zwiebeln und Chilis kombiniert werden und einen feurigen Salat ergeben. Die Bewohner des Nordostens verwenden Chilis reichlicher als die Thais anderer Regionen.

Ein Großteil der nordöstlichen Küche reflektiert den Einfluß von Laos, auf der anderen Seite des Mekong-Flusses gelegen. Dies überrascht nicht, da viele Bewohner ethnisch zu den Lao gehören. Dill (*Pak Chee Lao*, auch „Laotischer Koriander" genannt) wird häufig als Garnitur verwendet, Klebreis dem normalen Reis vorgezogen. Auch laotischen Ursprungs und bei Festen beliebt ist *Khanom Buang*, eine knusprige Crêpe, gefüllt mit getrockneten Garnelen, Sojabohnensprossen und anderen Zutaten.

Die Küche des Nordostens bzw. Isans, einst mißtrauisch von anderen Thais beäugt, hat nun auf breiter Ebene Akzeptanz und Anerkennung gefunden.

Südthailand besteht aus einer schmalen Halbinsel, die sich bis Malaysia hinunter erstreckt und sich auf dramatische Weise – sowohl in Landschaft als auch in Kultur – vom Rest des Landes unterscheidet. Üppiger Dschungel rankt an zerklüfteten Kalksteinbergen empor, von einem Regen genährt, der im Jahr acht Monate lang fällt. Bebaute Gegenden bestehen eher aus Kautschuk- und Kokosnußplantagen als aus den vertrauten Reisfeldern und Obstplantagen der Zentralebene. Von den Dörfern an den zwei Küstenstreifen – am Golf von Thailand und am Indischen Ozean – segeln Tausende von Fischerbooten aus, die Meeresfrüchte heimbringen.

Typisch für den Landstrich sind Moscheen mit Kuppeln, denn im Süden lebt die Mehrheit der zwei Millionen Moslems Thailands – die größte religiöse Minderheit. Man findet Moslems vor allem in den Provinzen nahe Malaysia, wo das Malaiische so verbreitet ist wie das Thai. An anderen Orten wie in Songkhla und auf Phuket dominieren die Chinesen.

Die Küche des Südens reflekiert diese Einflüsse – wie auch jene der ferneren Vergangenheit, als Händler aus Indien und Java das Land besuchten. Die Kokosnüsse, die überall so reichlich wachsen, liefern Kokosmilch für Suppen und Currys, Öl fürs Braten und geraspeltes Fruchtfleisch, Zutat vieler Gerichte.

Aus den Meeren stammen riesige Fische, Langusten, Krabben, Miesmuscheln, Tintenfische, Garnelen und Jakobsmuscheln, während die Plantagen Cashewnüsse hergeben, welche als Appetitanreger oder Garnitur dienen, sowie kleine, saftige Ananas, als süßer Abschluß eines Mahls beliebt.

Meeresfrüchte werden einfach gegrillt oder gedünstet oder auf aufwendigere Weise zubereitet: in einem Tontopf mit dünnen Nudeln und Knoblauch gebacken und als Hauptbestandteil von *Tom Yam*

Der Isthmus von Kra in Südthailand wird von der Andamanensee und den Gewässern des Golfs von Thailand umspült; es gibt hier deshalb eine herrliche Vielfalt an Meeresfrüchten.

verwendet, jener berühmten Thai-Suppe mit Zitronengras und Chilis. Die Thais des Südens lieben ihre Gerichte chilischarf und schätzen den bitteren Geschmack einer flachen Bohne namens *Sa-taw*.

Zu den Beiträgen anderer Kulturen gehören *Gaeng Mussaman*, ein Curry im indischen Stil mit Kardamom, Gewürznelken, Zimt und Huhn oder Rind, malaiische Fischcurrys, oft mit frischen Früchten garniert, und indonesisches Saté – marinierte Fleischstückchen auf Bambusspießen, mit würziger Erdnußsoße gereicht.

Die vierte Region des Landes, die Zentralebene, gilt als das Herz Thailands, ein riesiges Schachbrett aus Reisfeldern, Obst- und Gemüseplantagen, dessen Hauptmarkt und kulturellerMagnet Bangkok ist. Der beste Reis, perlweiß und duftend, wird hier angebaut – wie auch die besten Früchte: Mangos und Durians, rubinrote Mangostane und haarige Rambutans, knackige Guavas, Papayas und Pomelos, sogar eine tropischen Hybridform von Trauben. Zu den Gemüsesorten, die in großen Mengen verspeist werden, gehören Kohl, Pilze, Wasserwinde, Gurken, Tomaten und Kürbisse sowie erst unlängst eingeführte Sorten wie Spargel und Babymais.

Die Gerichte in den Dörfern, die wie Inseln zwischen den Feldern liegen, sind einfacher Art: Reis mit pfannengerührtem Gemüse, Fisch aus einem nahen Kanal oder Fluß, vielleicht etwas gehacktes Huhn mit Knoblauch, Chilis und Basilikum sowie Salat aus gesalzenen Eiern, Chilis, Frühlingszwiebeln und einem Spritzer Zitrone.

In Bangkok ist natürlich alles erhältlich, selbst die exotischsten regionalen Delikatessen. Die Metropole ist auch der Ort für jene Kreationen, die man „Palastküche" nennt; sie zeichnen sich durch elegante Präsentation aus und werden nur in den besten Restaurants serviert. Vielleicht am typischsten für das kulinarische Angebot der Stadt sind jedoch die Schnellgerichte, basierend auf chinesischen Nudeln, die in Straßencafés oder von Eßständen zubereitet werden. Diese schmackhaften Gerichte sind charakteristisch für die Fähigkeit der Thais, aus einfachsten Zutaten etwas Besonderes zu zaubern.

Küche auf Rädern

Eßstände und ihre Rolle im täglichen Leben

Zuerst erscheinen die Rammen auf dem Plan, um die Grundsteine für eines der riesigen neuen Gebäude zu legen, die fast an jeder Straße Bangkoks und in anderen großen Städten entstehen. Es folgen die Arbeiter, die Bretterbuden an der Baustelle errichten. Oft gleichzeitig mit ihnen tauchen die Eßstände auf, die billige und schnelle Mahlzeiten anbieten. Eine Stadtstraße in Thailand ohne Eßstände kann man sich genausoschwer vorstellen wie eine Straße ohne Verkehr.

Künstlerische Impression der thailändischen Schnellküche. Schiebekarren und Straßenstände sind integraler Bestandteil des täglichen Lebens.

Als Folge dieses weitverbreiteten Phänomens hat sich die Thai-Straßenküche zu einer ganz eigenen kulinarischen Kategorie entwickelt, die sich durch Schnelligkeit der Zubereitung (falls sie vor Ort geschieht) und leicht transportierbare Utensilien auszeichnet. Es werden Imbisse und auch reichhaltigere Mahlzeiten gereicht.

Vielfalt herrscht bei den Zwischenmahlzeiten. Einige bestehen nur aus frisch geschnittenen Früchten, mit etwas Salz, Zucker oder getrockneten Chilis besprenkelt. Es kann sich auch um eine Auswahl traditioneller Süßigkeiten handeln, vom Standverkäufer zu Hause zubereitet und auf verlockende Weise präsentiert. Andere Verkäufer bieten Nudelkreationen als schnelles, nahrhaftes Mittagessen an. Zur Zubereitung der allgemein beliebten *Kwaytiaow* gibt man in eine Schale mit frisch gekochten Reisnudeln ein paar Suppenkellen Fleischbrühe und darauf vorgekochtes Huhn oder Schwein, besprenkelt mit Zucker, zerstoßenen Erdnüssen und Chiliflocken, während für *Pad Thai* die Nudeln mit Knoblauch, Frühlingszwiebeln, gesalzenen und getrockneten Garnelen sowie einer Vielfalt von Gewürzen pfannengerührt werden.

Gai Yang, gegrilltes Huhn im Stil des Nordostens, wird über einem Kohlenfeuer gegart und oft mit Nebengerichten wie Klebreis und grünem Papayasalat gereicht.

Fast jeder Gouverneur Bangkoks hat irgendwann in seiner Amtszeit versucht, die Eßstände aus Gründen der Hygiene – und weil sie die Gehsteige einnehmen – zu verbieten. Sie sind damit stets gescheitert, da sich die Stände der kulinarischen Bedürfnisse der Stadtbewohner annehmen.

Palastküche

Raffinierte königliche Küche, hinter Palastmauern entstanden

Es „war eine in sich komplette Stadt, ein übervölkertes Netz von Häusern und schmalen Straßen mit Gärten, Rasenflächen, künstlichen Seen und Läden. Es gab eine eigene Regierung, eigene Institutionen, Gesetze und Gerichtshöfe. Es war eine Stadt der Frauen, von Frauen kontrolliert."

Stunden sorgfältiger Arbeit und große Fertigkeit sind erforderlich, um die exquisiten Frucht- und Gemüseskulpturen – charakteristisch für die Palastküche – zu kreieren.

Dr. Malcolm Smith, in den frühen Jahren dieses Jahrhunderts der Leibarzt einiger Mitglieder der Thai-Königsfamilie, beschrieb den innersten Teil von Bangkoks riesigem Großen Palast, das „Innere" genannt, wo die Frauen des Hofes lebten. In seiner Blütezeit, während der Herrschaft von König Rama V., wohnten in diesem Bereich etwa 3000 Frauen, ein paar wenige von ihnen Königinnen, die große Mehrheit jedoch Hofdamen und einfache Bedienstete.

Das „Innere" wurde von vielen Außenstehenden – besonders den ausländischen Missionaren – falsch verstanden, denn sie betrachteten es als offensichtliche Manifestation der Polygamie. Selbst ein paar Außenstehende, denen der Zutritt gewährt wurde, etwa Anna Leonowens, bezeichneten diesen Palastbereich als „Harem", seine weiblichen Wächter als „Amazonen" und seine Bewohner als Quasigefangene. Diese Ansicht entsprach jedoch mehr der westlichen Phantasie als den Tatsachen.

Der innere Palast war aber genaugenommen eine Art ultraexklusives Mädchenpensionat, ein Ort, an dem die raffiniertesten aristokratischen Fertigkeiten perfektioniert und weitergegeben wurden. Die Tochter eines Adligen, die ihre Jugend oder einen Teil davon in dieser exklusiven Atmosphäre verbracht hatte, galt als höchst begehrenswerte Partie, denn sie vermochte sicherlich einen eigenen eleganten Haushalt außerhalb des Palastes zu führen.

In ihrer reichlich bemessenen Freizeit erlernten die Frauen des Königshofes so erlesene Künste wie die traditionelle Thai-Blumendekoration, duftende Blüten in kunstvolle Blumenkränze flechtend, oder die Fertigkeit, herrlich detaillierteMiniaturtonpuppen zu formen. Vor allem lernten sie, verschiedene Gerichte zuzubereiten, die nicht nur feiner im Geschmack waren als die Versionen der Außenwelt, sondern auch noch visuell überaus eindrucksvoll.

Die Charakteristika der Palastküche, die ebenfalls in den aristokratischsten Häusern gepflegt wurde, waren Stunden mühevoller Vorbereitung und ein Gefühl für künstlerische Präsentation. *Foi Thong*, etwa, ist eine Mischung aus Eigelb und Zucker, in ein Nest aus seidenen goldenen Fäden verwandelt, während *Look Choop* winzige Imitate von Früchten sind, von Hand aus einer Mischung aus Bohnenpaste und Kokosmilch geformt und mit den Farben der Vorbilder versehen. *Mee Grob*, von einem Autor als „Inbegriff der Palastküche" beschrieben, besteht aus knusprigen Reisnudeln und Garnelen in süß-saurer Soße und ist in der Zubereitung so zeitaufwendig, daß es früher nur selten in Restaurants zu finden war.

Visuell beeindruckend bei der Palastküche war die Kunst der Frucht- und Gemüseskulptur. Wassermelonen, Mangos, Tomaten, Kürbisse, Frühlingszwiebeln, Chilis, Ingwerwurzeln und zahllose andere Garnituren nahmen durch das geschickt geführte Messer die Formen von Blumen, Blättern und abstrakten Mustern an. Oft dauerte ihre Anfertigung so lange wie die Zubereitung der Gerichte selbst.

Die königliche Polygamie endete unter König Rama VI. Ein paar der Damen des Palastinneren widersetzten sich der Umsiedlung, doch allmählich verließen sie und ihre zahlreichen Bediensteten ihre behütete Existenz und begannen ein ganz neues Dasein außerhalb der hohen Mauern. Selbst heute bleiben die einst geschäftigen Straßen und Paläste den meisten Außenstehenden verschlossen, doch es kommen auch weiterhin einige Frauen, die im Schatten alter Bäume die schönen Kränze und andere Blumenarrangements flechten, die bei zahllosen königlichen Zeremonien präsentiert werden.

Fünffarbiges Porzellan, Bencharong genannt, hier im Vordergrund eines Gemachs des Vmarn-Mek-Palastes, wurde in China speziell für den Thai-Geschmack angefertigt.

Glücklicherweise verschwand die Palastküche nicht mit der geheimen Welt, in der sie entstanden war. Sie hat dank der Nachkommen der königlichen Damen überlebt und ist in den vergangenen Jahren von einer breiteren Öffentlichkeit in den diversen Restaurants entdeckt worden, die sich dieser einzigartigen Küche annehmen.

Wie man die Thai-Küche genießt

Die Etikette eines Thai-Mahls

Wo immer ein Thai-Mahl gegessen wird – sei es in einem Restaurant, auf einem Gehsteig, auf der offenen Veranda eines Bauernhauses oder inmitten eines Reisfeldes –, es ist stets eine soziale Angelegenheit. In den meisten Stadtwohnungen werden heute Tische und Stühle für die Mahlzeiten verwendet, doch nimmt man diese in vielen Landhäusern auf dem Fußboden – bedeckt mit weichen Schilfmatten – ein. Westliches Besteck findet auch Verbreitung – mit Ausnahme von Messern, denn in einem Thai-Mahl ist nichts so groß, als daß es zerschnitten werden müßte. Mit einem Löffel werden Reisportionen verteilt, mit Hilfe einer Gabel die Gerichte auf den Teller bugsiert.

Im Norden und Nordosten, wo gedünsteter Klebreis bevorzugt wird, benutzt man die Finger, um kleine Bällchen zu formen und sie in flüssige Gerichte zu tauchen. Eßstäbchen kommen bei Nudelgerichten im chinesischen Stil zum Einsatz, ein chinesischer Keramiklöffel wird für Suppen und manche Süßigkeiten verwendet.

Ein großer Behälter mit Reis steht stets im Mittelpunkt. Um ihn plaziert man die anderen Gerichte und Gewürze. Die Gäste bedienen sich nach ihrem Gusto, Gerichte beliebig vermischend und mit einer Vielfalt von Gewürzen versehend. Suppe und Salat können zu Beginn, in der Mitte oder am Ende eines Mahls eingenommen werden. Konstanten sind der Reis sowie die Süßigkeiten, die nach dem Abtragen der anderen Gerichte aufgetischt werden.

Das ideale Thai-Mahl soll eine harmonische Kombination von würzig, süß und sauer sein und das Auge, die Nase und den Gaumen ansprechen. Manchmal werden mehrere dieser Geschmacksrichtungen subtil in einem einzigen Gericht vereint, während mitunter eine einzige vorherrscht. Zusätzlich zum Reis besteht ein typisches Mahl aus einer Suppe, ein oder zwei Currys, einem Salat, einem gebratenen und einem gedünsteten Gericht.

Es gibt auch eine beträchtliche Auswahl an Soßen und Gewürzen: *Nam Pla*, der essentielle Salzersatz aus fermentiertem Fisch; *Nam Prik*, d.h. *Nam Pla* kombiniert mit gehackten Chilis und anderen Zutaten; zerstoßene getrocknete und frische Chilis für jene, die ihre Gerichte scharf mögen; eingelegten Knoblauch; Chilisoße; sowie frisches Gemüse wie Gurken, Tomaten und Frühlingszwiebeln.

Meist werden zum Nachtisch eine oder mehrere der leckeren Früchte, die so reichlich in Thailand vorkommen, gegessen, während bei besonderen Anlässen Desserts wie *Foi Thong* („Goldene Fäden") oder Bananenblattschalen mit *Takaw*, einem Naschwerk aus Tapiokamehl, Zucker und Kokosnuß, in vielen Formen gereicht, aufgetischt werden.

Links: *Einen Tisch für zwei Personen findet man eher in einem Restaurant als im Eßzimmer einer Familie, wo das Speisen eine gesellschaftliche Aktivität ist, an der viele teilnehmen.*

Teil II: Die Thai-Küche

Trotz moderner Methoden und Geräte gelten einige traditionelle Utensilien immer noch als unersetzlich

Von den verschiedenen Grundutensilien, die bei der Zubereitung von Thai-Gerichten verwendet werden, ist eine Reihe im Lauf der Jahre unverändert geblieben. Andere sind durch billigere (doch nicht immer effizientere) moderne Geräte ersetzt worden und nun vor allem in Antiquitätenläden zu sehen, Objekte, die man wegen der Schönheit ihrer Form bewundert, dem modernen Thai-Koch jedoch nicht mehr von praktischem Nutzen.

In einem traditionellen Thai-Haushalt der nicht sehr entlegenen Vergangenheit war die Küche fast immer ein vom Haupthaus getrenntes Gebäude, in dessen Mittelpunkt ein oft verräucherter Ofen stand. Der Brennstoff bestand meist aus Holzkohle oder Holz, besonders in bewaldeten Gebieten wie dem Norden. Es gibt immer noch viele renommierte Thai-Köche, die zur Zubereitung bestimmter Gerichte auf Holzkohle bestehen und neben den modernen Geräten ein Holzkohlenfeuer brennen haben.

Die älteste Art von Ofen, heute fast nicht mehr zu finden, war ein geniales Gerät namens *Cherng Kran*, eine Tonplatte mit Rand und einer erhöhten Fläche, die einen Kochtopf aufnehmen konnte. Den Brennstoff legte man unter den Topf. Dieses Gerät nahm wenig Platz in Anspruch und war leicht transportabel (wie auch ein traditionelles Thai-Haus, aus vorgefertigten Teilen bestehend, mit wenig Mühe auseinandergenommen und an einen anderen Ort geschafft werden konnte). Der *Cherng Kran* wurde später von größeren, aber immer noch tragbaren Holzkohleöfen und schließlich von eingebauten Küchenherden aus gekacheltem Zement verdrängt, was die Tendenz der Thais reflektierte, sich permanent niederzulassen.

Das eigentliche Garen der meisten Thai-Gerichte – damals wie heute – erfolgt mit bemerkenswerter Geschwindigkeit und erfordert nur wenige Utensilien, die wichtigsten davon sind tiefe Eisenpfannen verschiedener Größe, eine Spachtel mit abgerundeten Ecken zum Umrühren und diverse Kochtöpfe.

Weitaus mehr Zeit muß jedoch auf die vorherige Zubereitung der verschiedenen Zutaten verwendet werden, die man schält, hackt, raspelt, mahlt, ver-

Linke Seite: *Schwimmende Märkte, wo alles, was eine Hausfrau benötigt, in kleinen Booten gestapelt und über Flüsse und Kanäle gepaddelt wird, sind ein gewöhnlicher Anblick im Chao-Phraya-Delta.*
Mitte: *Obwohl ästhetisch von größerem Reiz, werden Terrakottautensilien wie diese heute größtenteils durch Metallpfannen und -töpfe ersetzt.*

mischt und mariniert, was bei einigen Kreationen viele Stunden in Anspruch nehmen kann und zum Entstehen von Spezialutensilien geführt hat.

Eines der dekorativsten von ihnen war die *Kude Maprow* oder **Kokosnußraspel**. Sie nahm wahrscheinlich ihren Anfang als einfacher Stuhl, an dem eine scharfe Eisenraspel befestigt war sowie darunter eine Auffangschale für die geraspelte Kokosnuß, wobei das Ganze oft aus einem einzigen Stück Holz geschnitzt wurde. Man setzte sich auf das Gebilde, lehnte sich nach vorne und drehte eine halbe Kokosnuß durch die Zacken der Raspel – was einfacher aussah, als es wirklich war, denn der kleinste Ausrutscher konnte schmerzhafte Schnitte verursachen. Die *Kude Maprow* wurde schließlich kunstvoller gestaltet, der Sitz nahm diverse Formen an, meist die eines Hasen (vielleicht wegen der vorstehenden Zähne) oder anderer Tiere. Solche Exemplare sind nun selten und werden von Sammlern geschätzt. Eine Raspel wird auch heute noch benötigt, wie auch ein anderes Utensil, mit dem man die Kokosmilch – Basis so vieler Thai-Rezepte – gewinnt.

***Oben**: Traditionelle Kokosnußraspeln werden immer seltener. Drahtgeflechtkörbe **(unten rechts)** sind heute noch unersetzlich.*

Thai-Hausfrauen, die in der Nähe eines Marktes leben, können frisch geraspelte Kokosnuß kaufen, aus der sie zu Hause mit Hilfe von Wasser Kokosmilch extrahieren. Köche außerhalb Asiens oder fern einer elektrischen Kokosraspel müssen sich mit einem Ersatz wie Kokospuder oder Kokosmilch aus der Dose zufriedengeben.

Andere klassische Geräte haben die traditionelle Kokosraspel überdauert. *Krok* und *Saak* – **Mörser** und **Stößel**, ursprünglich aus Stein oder Holz, aber auch aus Ton oder Metall erhältlich, sind noch immer für das Zerstoßen und Mahlen jener Gewürze unerläßlich, die Thai-Gerichten ihren charakteristischen Geschmack verleihen. Meist gibt es zwei Ausführungen: einen tiefen Mörser fürs Zerstoßen und einen flachen fürs Mahlen.

Obwohl viele traditionell orientierte Köche schwören, daß moderne Geräte und Mixer nicht die gleichen Resultate liefern wie Mörser und Stößel, sind viele westliche Köche bereit, die umständliche alte Methode zugunsten von Schnelligkeit und leichter Handhabung zu opfern. Verwendet man einen Mixer für Zutaten wie Schalotten, Knoblauch, Chilis oder Zitronengras, sollte man diese zuerst zerhacken oder zerschneiden und festere Zutaten (Galangawurzel, Zitronengras) mahlen, bevor die weicheren hinzugefügt werden. Hinzu kommt – je nach Rezept – ein wenig Öl, Kokosmilch oder Wasser, um den Mahlprozeß zu erleichtern.

Es gibt jedoch keinen zufriedenstellenden Ersatz für ein dickes, hölzernes **Hackbrett** und ein scharfes **Hackbeil,** sowohl für grobes wie auch für feines Zerkleinern.

Ein weiteres wichtiges Utensil ist ein **Drahtgeflechtkorb** mit einem langen Griff aus Holz oder Bambus, mit dem man Zutaten zum Fritieren ins Öl

gibt, Nudeln in kochendes Wasser legt und Gemüse blanchiert. Diese Drahtkörbe gibt es in verschiedenen Formen – je nach Verwendung (flach fürs Fritieren, tiefer für die Aufnahme von Nudeln und Gemüse) – und sind auf jedem Markt erhältlich. Ähnliche Utensilien, wenngleich nicht so attraktiv, findet man auch in westlichen Geschäften.

Unentbehrlich für die Zubereitung vieler Basisgerichte ist zudem ein **Dampfkochtopf**. Heute besteht er oft aus Metall oder ist sogar elektrisch, doch in Provinzgegenden trifft man eher traditionelle Ausführungen an: etwa eine über kochendem Wasser vertikal angebrachte Reihe von Bambusbehältern, deren oberster bedeckt ist, oder im Norden und Nordosten ein elegantes, auf Füßen stehendes Utensil namens *Kong Khao*, mit dem Klebreis gedünstet wird. Es ist transportabel und kann z.B. zur Arbeit auf den Feldern mitgenommen werden.

Zusätzlich gibt es auch exotischere Geräte, nur schwer außerhalb Thailands zu finden. Das *Ka Po* etwa besteht aus drei Vierteln einer Kokosnußschale, unten mit kleinen Löchern versehen; zwei parallele Stäbe sind mit Rattan auf beiden Seiten oben angebracht, so daß die Schale auf einen Topf kochenden Wassers gestellt werden kann. Reismehl, Tapioka oder Mungobohnenpaste wird in die Schale

gegossen und durchgepreßt, was eine nudelartige Süßigkeit ergibt, die man siebt und kalt serviert. Eine einfachere Variante ist *Lachong*, eine perforierte Metallplatte, ähnlich einer Käseraspel, durch die die Paste gepreßt wird.

Verschiedene Messing- oder Bronzeutensilien kommen bei der Zubereitung der komplizierteren Süßigkeiten zum Einsatz. Ein Kegel mit zwei kleinen Öffnungen erleichtert die Zubereitung des klassischen *Foi Thong* („Goldene Fäden"), einer delikaten Eigelb-Kreation, die vermutlich von den Portugiesen während der Ayutthaya-Periode eingeführt wurde. Ein Soßengefäß mit einem kleinen Ausgußloch (wie die Kikkoman-Sojasoßenflasche) kann als Ersatz dienen, doch es bedarf einiger Übung, um diese „Goldenen Fäden" herzustellen.

Ein weiteres ungewöhnliches Utensil ist eine schalenförmige Gußform, meist aus Messing, mit einem langen Holzgriff. Diese Form wird zuerst in heißes Öl und dann in Ausbackteig getaucht, anschließend nochmal ins Öl, so daß der Teig die Form knuspriger kleiner Tassen annimmt. Diese Tassen (*Krathong*) erhalten leckere Füllungen (einen ähnlichen Imbiß namens *Kuih Pi Tee* gibt es auch in Malaysia und Singapur.)

Einige dieser Utensilien findet man auch im Westen in asiatischen Spezialitätengeschäften. Man sollte die Gelegenheit eines Thailand-Besuchs nutzen, um sich ins Getümmel eines farbenprächtigen Marktes zu stürzen und Originalgeräte zu erstehen.

Oben: *Ein Bambussieb und Flechtkörbe zum Aufbewahren von Speisen* ***(unten links)*** *sind so praktisch wie attraktiv.*

Thai-Zutaten

Grundzutaten, die den wahren Geschmack Thailands vermitteln

AGAR AGAR: Eine Gelatine, aus Algen hergestellt, die Nachtische und Kuchen ohne Kühlung hart werden läßt. *Agar Agar* in Puderform in Flüssigkeit streuen und unter Umrühren sanft zum Kochen bringen, bis es sich aufgelöst hat. Ein Teelöffel reicht für ca. 1-$1^1/_2$ Tassen Flüssigkeit.

AUBERGINE (*Ma-Khue Puang*): Diverse Arten von Auberginen werden verwendet, von der eher bitteren, erbsengroßen Aubergine bis zu den grünen, weißen oder lilafarbenen Sorten (20-25 cm).

AUSTERNSOSSE (*Nam Man Hoi*): Die meisten Austernsoßen auf dem Markt – oft zusammen mit Fischsoße oder Sojasoße verwendet – enthalten Monosodium Glutamat, einen Würzzusatz bzw. Geschmacksverstärker.

BAMBUSSPROSSEN (*Naw Mai*): Die frischen Sprossen diverser Bambusarten sind ein hervorragendes Gemüse. Sie müssen zunächst geschält und geschnitten werden und etwa 30 Minuten lang sieden, bis sie zart sind. Bei Bambussprossen aus der Dose gilt es, den Metallgeschmack durch Ausgießen der Flüssigkeit und fünfminütiges Kochen in frischem Wasser zu entfernen.

BASILIKUM: Das am meisten verwendete Basilikum, der europäischen süßen Sorte ähnlich, heißt *Horapa*. Er wird reichlich als Gewürz verwendet, und seine Zweige legt man oft auf Teller mit frischem, rohem Gemüse. Ähnlich, doch blasser in der Farbe und mit zitronigem Duft, ist das „Zitronenbasilikum" (*Manglak),* bei Suppen und Salaten verwendet. *Kaprow*, auch „Heiliges Basilikum" genannt, kommt selten zum Einsatz.

BOHNENSPROSSEN: Gekeimte grüne Mungobohnen (*Tau Ngork*) werden blanchiert manchen Salaten und Suppen beigefügt oder als Gemüsegericht schnell pfannengerührt. Sie können – in täglich zu wechselndes Wasser gelegt – im Kühlschrank 2 bis 3 Tage lang aufbewahrt werden.

Horapa-Basilikum

Kaprow-Basilikum

Manglak-Basilikum

Sellerie

CHILI: Chilis sind sehr populär, und es werden verschiedene Arten verwendet. Die großen, fingerlangen grünen (unreifen), roten (reifen) oder gelben Chilis (*Prik Chee*) sind mäßig scharf; getrocknete rote Chilis dieser Sorte werden zu Chiliflocken oder -pulver zermahlen. Winzige rote, grüne oder gelborangefarbene Chilis (*Prik Kee Noo*) werden für Suppen, einige flüssige oder curryähnliche Gerichte und Soßen verwendet und sind extrem scharf.

CHILISOSSE (*Saus Prik*): Chilis vermischt mit Wasser und gewürzt mit Salz, Zucker und Essig werden in Flaschen und Gläsern angeboten. Die im Ausland bekannteste Marke ist *Siracha*. Einige Soßen sind süßer als andere und eignen sich besonders für Hühnchen oder Meeresfrüchte. Chilipaste (*Nam Prik Pow*) wird manchmal als „verbrannte Chilipaste" bezeichnet.

CHINESISCHER FLACHER SCHNITTLAUCH (*Kui Chai*): Ähnlich flachen Frühlingszwiebeln, mit nachdrücklicherem, knoblauchartigerem Geschmack als die westliche Sorte.

CHINESISCHER PILZ (*Hed Hunu*): Dieser runzelige, graubraune Pilz weitet sich in warmem Wasser auf das vierfache seiner getrockneten Größe aus. Für Salate und pfannengerührte Gerichte.

EI, GESALZEN (*Kai Khem*): Gesalzene Enteneier werden als Garnitur verwendet oder zu Soße verarbeitet. Die Eier sollten etwa 10 Minuten kochen, bevor man sie schält.

FISCH, GESALZEN (*Pla Haeng*): Viele Arten von Süßwasserfischen werden gesalzen und an der Sonne getrocknet. Sie werden ohne vorheriges Einweichen gegrillt oder in feine Scheiben geschnitten und dann knusprig gebraten.

FISCHSOSSE (*Nam Pla*): Die Thai-Küche ist ohne diese charakteristische Soße aus gesalzenem, fermentiertem Fisch oder Garnelen kaum vorstellbar. *Nam Pla* von guter Qualität ist goldbraun und hat einen salzigen Geschmack. Sie wird wie die Sojasoße der Chinesen verwendet.

FRÜHLINGSZWIEBEL (*Ton Horm*): Wird zum Würzen und als Garnitur eingesetzt.

GALANGAWURZEL (*Kha*): Im Aussehen dem Ingwer ähnliches Rhizom (ein Mitglied derselben Familie), das vielen Thai-Gerichten einen herrlichen Geschmack verleiht. Scheiben getrockneter Galangawurzel (indonesischer Name: *Laos*) müssen etwa 30 Minuten in kochendem Wasser gesiedet werden. Gläser mit zarten Galangawurzelscheiben in Wasser – aus Thailand exportiert – sind geeigneter Ersatz für die frische Wurzel.

Chilis

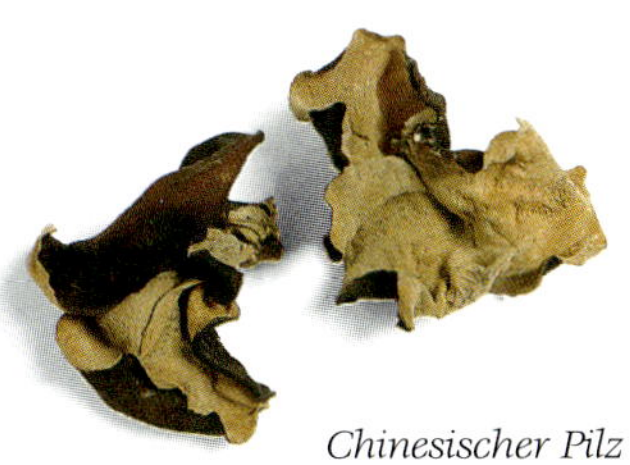

Chinesischer Pilz

Koriander

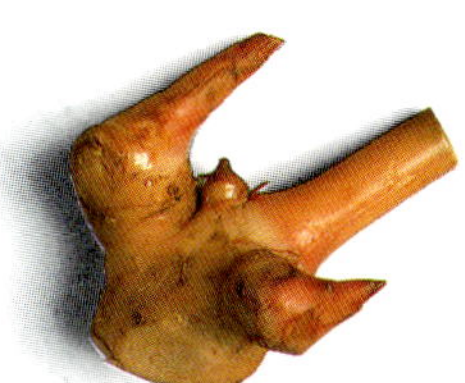

Galangawurzel

GARNELEN, GETROCKNET (*Kung Haeng*): Getrocknete Garnelen und getrocknete Shrimps werden zum Würzen vieler Gerichte und insbesondere Soßen eingesetzt. Getrocknete Shrimps, etwa 1 cm lang, behalten ihre Schalen, Köpfe und Schwänze und müssen nicht eingeweicht werden. Getrocknete Garnelen sind viel dicker sowie meist länger und werden oft ohne Schalen und Köpfe verkauft. Sie sollten 5 Minuten lang in warmem Wasser eingeweicht werden.

GARNELENPASTE (*Kapi*): Viele verschiedene Arten von *Kapi*, von Rosa bis Schwarzbraun, sind erhältlich. Erstere eignet sich für Currypaste, letztere für Soßen. Garnelenpaste sollte vor dem Verzehr gegart werden. Wenn das jeweilige Rezept es nicht erfordert, die Paste zusammen mit anderen Zutaten zu braten, sondern diese nur einer Tunke mit anderen rohen Zutaten beigefügt wird, sollte man sie vor dem Zerstoßen grillen oder braten.

INGWER (*King*): Man sollte nur frischen Ingwer verwenden – in getrockneter, pulverisierter Form hat er einen ganz anderen Geschmack. Junger Ingwer, fahlgelb mit einem Hauch Rosa, ist saftiger als reifer Ingwer, dessen hellbraune Schale man vor dem Gebrauch tunlichst entfernt.

JASMINESSENZ (*Yod Nam Malee*): Das berauschende Parfüm frischer Jasminblüten – über Nacht in Wasser eingeweicht – mit dem Kokosmilch zubereitet wird, verleiht vielen Thai-Desserts und -Kuchen einen einzigartigen Duft. Ersatz: Jasminessenz aus dem Fläschchen.

KAFFIRLIMONE (*Ma-Grood*): Diese Zitrusfrucht hat eine sehr knorrige und intensiv duftende Schale, aber fast keinen Saft. Die Schale oder Rinde wird oft in geraspelter Form Gerichten beigegeben; die duftenden Limonenblätter verwendet man unzerteilt für Suppen oder flüssige Gerichte und Currys; feingeschnitten (mit der Schere) kommen sie in Salate.

KARDAMOM (*Luk Grawan*): Strohfarbene Hülsen enthalten etwa 8-10 winzige schwarze Samen mit einem intensiven Duft.

KNOBLAUCH (*Kratiem*): Bestandteil der verbreiteten Thai-Kombination von Knoblauch, Korianderwurzel und scharzem Pfeffer und wird beim Kochen in großen Mengen verwendet. Knoblauchzehen sind in Südostasien oft viel kleiner als in westlichen Ländern – also Vorsicht bei den Mengenangaben der Rezepte.

KOHL, GESALZEN (*Pak Kad Khem*): Verschiedene Arten von stark gesalzenem Kohl sind Be-

Kaffirlimone

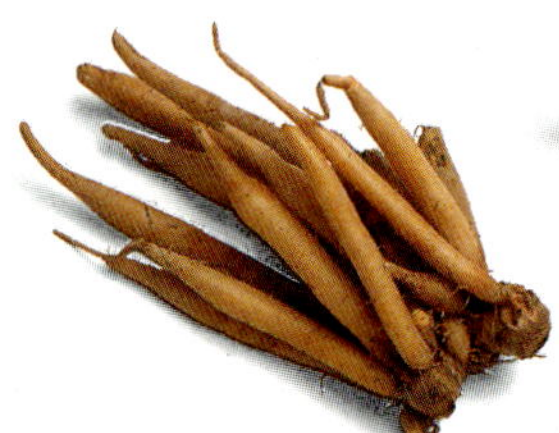
Krachai

Zitronengras

Volvariella volvacea

standteil einiger chinesisch ausgerichteter Gerichte. Mindestens 15 Minuten in frisches Wasser legen, um den Salzgehalt zu verringern.

KOKOSMILCH (*Nam Maprow*): Das Fruchtfleisch reifer Kokosnüsse wird geraspelt und ausgepreßt, was **Kokoscreme** ergibt. Um **dicke Kokosmilch** zu erhalten, gibt man etwa ½ Tasse Wasser pro Kokosnuß bei, die dann ausgepreßt und durchgesiebt wird. Für **dünne Kokosmilch** kommen weitere 2 Tassen Wasser zur bereits ausgepreßten Kokosnuß hinzu. Falls nicht anders angegeben, ist „Kokosmilch" in diesem Buch eine Kombination der dicken und dünnen Milch. Als Ersatz eignet sich Kokoscreme aus der Dose, nach Anleitung verdünnt, oder pulverisierte Kokosnuß, vermischt mit Wasser.

KORIANDER (*Pak Chee*): Die Thais verwenden vermutlich Koriander in seinen verschiedenen Formen mehr als irgendjemand anders. Unnachahmlich ist der Geschmack der frischen Korianderblätter, die zahllose Gerichte garnieren, von Suppen bis zu Salaten, von pfannengerührten Kreationen bis zu langsam gekochten Eintöpfen. Die Wurzeln werden zusammen mit Knoblauch und schwarzem Pfeffer zerstoßen und bilden eine verbreitete Grundwürze, und auch getrocknete Koriandersamen dienen als Würze. Es gibt keinen Ersatz für frischen Koriander, der leicht mittels Samen anzubauen ist.

KRACHAI (*Kaemferia pandurata* oder *Boesenbergia pandurata*): Dieses ungewöhnliche Rhizom, das wie ein Sortiment von gelblichbraunen Fingern aussieht, wird wegen seines milden Geschmacks und seiner knackigen Textur geschätzt. Getrocknetes *Krachai* ist ein schlechter Ersatz, den es wegzulassen gilt.

KREUZKÜMMEL (*Mellet Yira*): Dieses Gewürz wird manchmal Currypasten hinzugefügt. Dieselbe Thai-Bezeichnung wird für Kreuzkümmel, Fenchel und Kümmel verwendet.

KURKUMA (GELBWURZEL, *Kamin*): Dieses Rhizom, ein Mitglied der Ingwer-Familie, hat ein sehr reichhaltiges gelbes Inneres (das Flecken auf Kleidung und Plastikutensilien hinterläßt) und eine angenehme Schärfe, die dem Kurkumapulver fehlt. Man nehme ½ Teelöffel Kurkumapulver für 1 cm frische Kurkuma.

LILIENKNOSPEN, GETROCKNET (*Dok Mai Jeen*): Diese getrockneten, goldbraunen Blüten, die manchmal aus dekorativen Gründen verknotet werden, kommen in manchen Gemüsegerichten und Suppen chinesischen Ursprungs zum

Pilze

Pandanusblatt

Schalotten

Garnelenpaste

Einsatz. Zu entfernen ist der harte Knubben jeweils am Ende einer Blüte.

MINZE (*Bai Saranee*): Beliebt in Salaten. Es handelt sich um dieselbe Pflanze wie im Westen.

NUDELN: Es gibt diverse Sorten aus Reis, Weizen oder Mungobohnenmehl. Die beliebtesten Varianten sind die **frischen, flachen Reismehlnudeln** (*Kwaytiaow*), **spaghettiartige frische Reismehlnudeln** (*Kanom Jeen*), ähnlich den *Laksa*-Nudeln Malaysias und Singapurs, **frische Eiernudeln** (*Ba Mee*), **getrocknete Weizenmehlnudeln, getrocknete Reisfadennudeln** (*Sen Mee*) und **getrocknete Glasnudeln** (*Woon Sen*), aus Mungoerbsenmehl hergestellt und in Suppen und Salaten verwendet.

PALMZUCKER (*Nam Taan Peep*): Dieser Zucker wird aus dem Saft der Kokospalme oder der *Aren* (Zuckerpalme) gewonnen und variiert in der Farbe von Gold- bis Hellbraun. Er ist weniger süß als Rohrzucker und hat einen charakteristischen Geschmack. Alternativ ist weicher brauner Zucker oder weißer Rohrzucker mit einem Hauch Ahornsirup zu verwenden.

PANDANUSBLATT (*Bai Toey Hom*): Dieses duftende Blatt wird zum Einwickeln gewürzter Teilchen aus Huhn oder Schweinsrippe benutzt sowie diversen Kuchen und Nachtischen beigefügt. Ersatz: Pandanusessenz in Flaschen.

PFEFFERKÖRNER (*Prik Thai*): Schwarzer Pfeffer, vermutlich die Hauptquelle von Schärfe vor der Ankunft von Chilis, wird noch häufig eingesetzt. Ganze Pfefferkörner werden kurz vor dem Gebrauch zerstoßen oder gemahlen, um maximalen Geschmack zu garantieren. Frische grüne Pfefferkörner gibt man einigen Gerichten bei.

PILZE: Frische Pilze diverser Sorten werden verwendet, etwa die kleinen braunen, ummantelten *Volvariella volvacea* (hervorragend in Suppen und Gemüsegerichten), junge Champignons, große Austernpilze und getrocknete, braunschwarze chinesische Pilze, die vor der Verwendung in warmem Wasser eingeweicht werden sollten.

REISWEIN: Ein Schuß Reiswein verbessert oft den Geschmack von Gerichten chinesischen Ursprungs. Trockener Sherry eignet sich als Ersatz, doch der Reiswein ist in asiatischen Spezialitätengeschäften erhältlich.

SCHALOTTEN (*Hormlek*): Kleine, runde, rosalila Schalotten verleihen zahllosen Gerichten einen süßen und zwiebelartigen Geschmack. Sie werden desweiteren auch in Scheiben geschnitten, fritiert und als hübsche Garnitur verwendet.

Frühlingszwiebel

Kurkuma

Wasserwinde

Yamsbohne

SELLERIE *(Ceun Chai)*: Thai-Sellerie ist viel kleiner und hat dünnere Stiele als die westliche Variante. Der Geschmack ist sehr intensiv. Die Blätter und manchmal die Stiele werden Suppen sowie manchen Reisgerichten und pfannengerührtem Gemüse beigegeben. Erhältlich ist dieser Sellerie mitunter in asiatischen Spezialitätengeschäften.

SESAMÖL *(Naman Ngaa)*: Wird manchen Gerichten meist in letzter Minute als Würze beigefügt.

SOJABOHNEN, GESALZEN *(Tau Jiew)*: Diese salzigen Bohnen mit charakteristischem Geschmack werden oft leicht zerstoßen, bevor man mit ihnen Fisch-, Nudel- und auch einige Gemüsegerichte würzt.

SOJASOSSE *(Nam Siew)*: Helle chinesische Sojasoße und die dunkle, schwarze Variante werden für Gerichte chinesischen Ursprungs verwendet. Die helle Soße ist salziger, die dunkle verleiht gegarten Gerichten Geschmack und Farbe.

STERNANIS *(Poy Kak Bua)*: Ein getrocknetes, dunkelbraunes und sternförmiges Gewürz mit scharfem Anissamengeschmack.

TAMARINDE *(Mak-kaam)*: Getrocknetes Tamarindenfruchtfleisch wird 5–10 Minuten in Wasser eingeweicht, dann ausgepreßt und durch ein Sieb gedrückt, was einen sauren, duftenden Saft ergibt. Samen und Fasern sind zu entfernen. Bei schon gereinigtem Fruchtfleisch oder Konzentrat reduziere man die im Rezept angegebene Menge.

TOFU: Weicher, weißer Tofu (*Tau hoo*) wird oft gedünstet und Suppen beigefügt, während man kleine, harte, quadratische Stücke Tofu (*Tau Kwa*) meist fritiert. Kleine Würfel von getrocknetem, fritiertem Tofu (*Tau Hoo Tod*) gibt man langsam gekochten Gerichten und einigen Suppen bei. Eingelegter Tofu (*Tau Hoo Yee*), rot oder weiß und in Gläsern erhältlich, wird als Gewürz in kleinen Mengen bei chinesisch beeinflußten Gerichten verwendet.

WASSERNUSS *(Haew)*: Obwohl das Schälen der dunkelbraunen Schale dieser knackigen Knolle mühsam ist, lohnt sich die Verwendung von frischen Wassernüssen, falls erhältlich. Aufgrund der Textur und des süßen Geschmacks sind sie beliebt in Salaten, einigen pfannengerührten Gemüsegerichten und sogar in Desserts.

WASSERWINDE *(Pak Bung)*: Diese Wasserpflanze ist ein leckeres Gemüse voller Nährwert. Die jungen Keime werden oft als Bestandteil einer Platte rohen Gemüses serviert, das man in scharfe Soßen tunkt, während man die Blätter und zarten Spitzen auch pfannenrührt. Die harten, hohlen Stiele sind zu entfernen.

YAMSBOHNE *(Mun Kaew)*: Vom amerikanischen Kontinent stammend, wo sie *Jicama* genannt wird. Diese knackige, milde Knolle hat ein weißes Inneres und eine beige Schale, die sich leicht ablösen läßt. Man kann sie hervorragend roh mit würziger Tunke verspeisen oder auch garen.

ZITRONENGRAS *(Bai Takrai)*: Eine Grasart mit Zitronenduft, die in Büscheln wächst und für die Thai-Küche sehr wichtig ist. Die Pflanze ähnelt einem Miniaturlauch. Zu verwenden sind nur die unteren 10–15 cm der Pflanze, und falls sie zerstoßen oder zu einer Paste vermischt werden sollen, empfiehlt es sich, die äußeren Blätter zu entfernen und nur das zarte Innere zu verwenden.

Teil III: Die Rezepte

Rezepte für Currypasten und Tunken gehen den Hauptgerichten voraus, die auf Seite 42 beginnen

Portionen

In Thai-Haushalten werden Gerichte selten als Einzelportionen serviert, da man Reis und andere Nebengerichte normalerweise auf den Tisch stellt, so daß sich die Speisenden bedienen können. Die exakte Anzahl von Portionen, die ein Rezept hergibt, läßt sich deshalb nur schwer abschätzen. Als Faustregel reichen die Rezepte dieses Buches für 4-6 Personen aus, wobei jeweils ein Mahl mit Reis und drei anderen Gerichten zugrundegelegt wird.

Das Würzen von Thai-Gerichten

Die Mengenangaben für Chilis, Fischsoße (die salzigen Geschmack liefert), Zucker und Limonensaft in den folgenden Rezepten sind ein Anhaltspunkt, kein absolutes Maß. Zu berücksichtigen gilt, daß man beim Abschmecken vor dem Servieren immer noch zusätzlich würzen kann, ein vorheriges Überwürzen aber nicht mehr rückgängig zu machen ist.

CURRYPASTEN

Grundcurrypasten (Rezepte ab S. 38) können im bedeckten Glasbehälter im Kühlschrank 1 Monat aufbewahrt werden, im Tiefkühlfach 3-4 Monate.

Mengenangaben

Die Mengenangaben in diesem Buch sind soweit wie möglich in Volumenmaßen gehalten: 1 **Tasse** enthält 250 ml, 1 **Teelöffel (TL)** enthält 5 ml, während 1 **Eßlöffel (EL)** 15 ml oder das Äquivalent von 3 Teelöffeln enthält.

Geschätzter Zeitaufwand

Die Schätzung des Zeitaufwandes bezieht sich nur auf die Vorbereitung (ohne die Garzeit) und beruht auf der Annahme, daß eine Küchenmaschine oder ein Mixer verwendet wird.

◷ *Schnell und sehr einfach vorzubereiten*

◷◷ *Relativ einfach – weniger als 15 Minuten Vorbereitungszeit*

◷◷◷ *Mehr als 15 Minuten Vorbereitungszeit erforderlich*

***Links**:*
Im Uhrzeigersinn von unten rechts: Nam Prik Noom, Nam Prik Gai Kem, Kapi Kua, Tau Jiew Lon, Nam Prik Pla Yaang, Nam Prik Thai Orn, Nam Prik Kapi.

Nam Prik Gaeng Ped • *Rote Currypaste*

1 EL Koriandersamen
1 TL Kreuzkümmelsamen
13 getrocknete kleine Chilis, geschnitten, 15 Min. in heißes Wasser gelegt, entkernt
3 EL feingehackte Schalotten
4 EL feingehackter Knoblauch
1 EL feingehackte Galangawurzel
2 EL feingeschnittenes Zitronengras
2 TL feingehackte Kaffirlimonenschale
1 EL feingehackte Korianderwurzel
20 schwarze Pfefferkörner
1 TL Garnelenpaste

Braten Sie die Koriander- und Kreuzkümmelsamen in einem Wok bei niedriger Hitze ca. 5 Minuten, dann diese zu einem Pulver mahlen. Die restlichen Zutaten außer der Garnelenpaste beigeben und gut vermischen. Hinzu kommen die gemahlene Gewürzmixtur und die Garnelenpaste. Nochmals vermischen, und Sie erhalten eine $^{3}/_{4}$ Tasse feiner Paste.

Nam Prik Pow • *Geröstete Chilipaste*

2 Tassen Gemüseöl
8 Schalotten, in Scheiben geschnitten
6 Knoblauchzehen, in Scheiben geschnitten
1 Tasse getrocknete Garnelen
$^{1}/_{2}$ Tasse kleine getrocknete Chilis
1 EL Palmzucker
3 EL Fischsoße
$1^{1}/_{2}$ EL Tamarindensaft
$^{1}/_{3}$ TL Salz

Öl im Wok erhitzen. Schalotten und Knoblauch goldbraun braten, aus dem Öl nehmen und abtropfen lassen. Garnelen und Chilis beifügen, goldbraun braten; aus dem Öl nehmen und abtropfen lassen.

In einem Mörser oder Mixer mahlen Sie Garnelen, Knoblauch, Chilis, Schalotten und Zucker, bis alles gut vermischt ist. Hinzu kommen Fischsoße, Tamarindensaft, Salz und abgekühltes Öl aus dem Wok. Zu einer feinen Paste vermischen.

Nam Prik Gaeng Kheow Wan • *Grüne Currypaste*

1 EL Koriandersamen
1 TL Kreuzkümmelsamen
15 grüne kleine Chilis
3 EL feingehackte Schalotten
1 EL feingehackter Knoblauch
1 TL feingehackte Galangawurzel
1 EL feingeschnittenes Zitronengras
$^{1}/_{2}$ TL feingehackte Kaffirlimonenschale
1 TL feingehackte Korianderwurzel
5 schwarze Pfefferkörner
1 TL Salz
1 TL Garnelenpaste

Koriander- und Kreuzkümmelsamen im Wok bei niedriger Hitze ca. 5 Minuten braten, dann zu einem Pulver mahlen. Die restlichen Zutaten außer der Garnelenpaste im Mixer gut vermischen. Gewürzsamenmixtur und Garnelenpaste beifügen und vermischen. Sie erhalten $^{1}/_{2}$ Tasse feiner Paste.

Nam Prik Gaeng Mussaman • *Mussaman-Currypaste*

3 EL feingehackte Schalotten
1 EL feingehackter Knoblauch
1 TL feingehackte Galangawurzel
1 gehäufter EL feingeschnittenes Zitronengras
2 Gewürznelken
1 EL Koriandersamen
1 TL Kreuzkümmelsamen
5 schwarze Pfefferkörner

3 getrocknete Chilis, geschnitten, 15 Minuten in heißes Wasser gelegt und entkernt
1 TL Salz
1 TL Garnelenpaste

Schalotten, Knoblauch, Galangawurzel, Zitronengras, Gewürznelken, Koriander- und Kreuzkümmelsamen im Wok bei niedriger Hitze ca. 5 Minuten braten, dann zu einem Pulver mahlen. Die restlichen Zutaten außer der Garnelenpaste beifügen und gut vermischen. Mixtur und Garnelenpaste vermischen, und es entsteht ½ Tasse feiner Paste.

TUNKEN

Nam Prik Gai Kem • *Gesalzene Eiertunke*

3 Knoblauchzehen
3-4 rote Chilis
2 gesalzene Eier, hartgekocht
2 EL Limonensaft
½ EL Fischsoße
1 TL Zucker

Knoblauch und Chilis zusammen zerstoßen. Gesalzene Eier beifügen und zerkleinern, bis alles gut vermischt ist. Mit Limonensaft, Fischsoße und Zucker würzen und gut mischen. Mit Gemüse und gebratenem oder gegrilltem Fisch servieren.

Nam Prik Thai Orn • *Grüne Pfefferkörnertunke*

2 EL frische grüne Pfefferkörner
3 Knoblauchzehen
1 TL Zucker
½ EL getrocknete Garnelen
2-3 EL Limonensaft
6 saure Früchte wie grüne Mango oder grüner Apfel, in Scheiben geschnitten

Bei Pfefferkörnern aus dem Glas das Salzwasser gründlich abwaschen. Knoblauch und 1 EL Pfefferkörner im Mörser zerstoßen und vermischen, dann Zucker, Garnelen und Limonensaft beifügen. Gut vermischen und den restlichen EL Pfefferkörner beigeben. Umrühren, bis alles gut vermischt ist. Mit sauren Früchten, Gemüse und Fisch servieren.

Nam Prik Kapi • *Garnelenpaste und Chilitunke*

1 EL getrocknete Garnelen oder Shrimps, in Wasser eingeweicht
5 Knoblauchzehen
9 kleine Chilis
1½ EL Garnelenpaste, geröstet
1 TL Palmzucker
1 EL Fischsoße
2-3 EL Limonensaft

Getrocknete Garnelen, Knoblauch und Chilis zusammen zerstoßen. Garnelenpaste, Palmzucker, Fischsoße und Limonensaft beifügen und gut vermischen. Mit Gemüse und Fisch servieren.

Nam Prik Noom • *Grüne Chilitunke*

1 EL gehackte, getrocknete, gesalzene Makrele
4 EL Erdnuß- oder Maisöl
10 große grüne Chilis, grob gehackt
10 Knoblauchzehen, grob gehackt
6 Schalotten, grob gehackt
1 Tomate
2 EL heißes Wasser
1 EL gehackte Frühlingszwiebeln
1 EL gehackte Korianderblätter
Fischsoße nach Geschmack (wahlweise)

Den getrockneten Fisch im Öl bei mittlerer Hitze ca. 7-10 Minuten braten, dann abtropfen lassen.

Chilis, Knoblauch und Schalotten unter häufigem Umrühren ca. 8-10 Minuten braten, bis sie duften. Leicht mit dem Fisch zerstoßen oder vermischen, dann die Tomate beifügen. Das Ganze zerstoßen und Wasser, Frühlingszwiebeln sowie Koriander hinzugeben.

Gut vermischen. Die Soße sollte relativ flüssig und etwas salzig sein – falls erforderlich mit Wasser oder Fischsoße abschmecken.

Diese sehr scharfe Tunke wird mit Klebreis sowie mit rohem Kohl, Gurkenscheiben, rohen grünen Bohnen und gebratenem Fisch serviert.

Nam Prik Pla Yaang • *Tunke mit gegrilltem Fisch*

3-4 rote kleine Chilis
1 getrocknete Chili, geschnitten u. eingeweicht
3 Knoblauchzehen, in der Schale schwarz gegrillt
2 Schalotten, in der Schale schwarz gegrillt
1 Tasse gegrillter Fisch, in Stückchen
$^1/_2$ TL Garnelenpaste, geröstet
2 EL Limonensaft
1 EL Fischsoße
1 TL Zucker
1 TL Kaffirlimonensaft

Kleine Chilis zerstoßen, getrocknete Chili, Knoblauch und Schalotten (geschält) beigeben, zu feiner Paste verarbeiten. Hinzu kommen Limonensaft, Fischsoße und Zucker. Gut vermischen, Limonensaft beifügen. Mit Gemüse und Fisch servieren.

Tau Jiew Lon • *Sojabohnen- und Kokosmilchtunke*

5 Tassen Kokosmilch
7 Schalotten, in Scheiben oder zerstoßen
1 Tasse gesalzene Sojabohnen, gewaschen
125 g Garnelen, feingehackt
125 g feingehacktes Schweinefleisch
1 EL Palmzucker
2 Eier
5 EL feinzerteilte rote Chilis
Frische Korianderblätter als Garnitur

Kokosmilch zum Kochen bringen. Schalotten, gesalzene Sojabohnen, Garnelen, Schwein und Palmzucker beifügen. Gut vermischen und die Eier einzeln einrühren. Kochen lassen, bis es zu geringem Hitzeschwund kommt, dann Chilischnipsel beifügen und mit Korianderblättern garnieren.

Kapi Kua • *Garnelenpaste und Kokosmilchtunke*

2 getrocknete Chilis, geschnitten, eingeweicht
5 Schalotten
5 Stengel Zitronengras, feingeschnitten
3 Scheiben Galangawurzel
3 EL gehacktes *Krachai*
3 EL Garnelenpaste, geröstet
1 Tasse grobgehackten geräucherten Fisch
4 Tassen Kokosmilch
1 EL Palmzucker
2 El Fischsoße
5 rote Chilis

Getrocknete Chilis, Schalotten, Zitronengras, Galangawurzel, *Krachai* und Garnelenpaste mit der Hälfte des geräucherten Fisches zerstoßen und gut vermischen. Kokosmilch sieden lassen, bis Öl an die Oberfläche steigt und Hitzeschwund eintritt.

Die Paste beifügen und weiterkochen lassen, bis es duftet. Hinzu kommen Zucker, der restliche Fisch, Fischsoße und Chilis; bis zum Verdicken sieden lassen. Mit gegrillten Garnelen oder knusprigen Fischstücken und Garnitur servieren.

Nam Prik Ong • *Chilitunke mit Schweinefleisch & Tomate*

5 getrocknete Chilis, geschnitten, eingeweicht
1 TL Salz
1 EL feingeschnittene Galangawurzel
3 EL feingehackte Zwiebel
1 TL Garnelenpaste
5 ganze Knoblauchzehen
75 g Schweinehack
1 Tasse Tomatenscheiben
2 EL Öl
3 Knoblauchzehen, gehackt
1 ganze Korianderpflanze
½ Tasse Wasser
Frisches Gemüse: Gurken, grüne Bohnen, Karotten, Kohl
Gekochtes Gemüse: grüne Bohnen, Aubergine, Kürbis, Kohl, Bananenblüte

Nam Prik Ong, eine würzige Schweinefleisch- und Tomatentunke, umgeben von rohem Gemüse, gesalzenem Entenei und knuspriger Schweinskruste.

Chilis, Salz und Galangawurzel im Mörser oder Mixer vermischen. Zwiebel, Garnelenpaste und ganze Knoblauchzehen hinzufügen und gründlich mischen. Das Fleisch beigeben und weiterverarbeiten. Zuletzt die Tomaten hinzufügen und wiederum gut vermischen

Das Öl im Wok erhitzen, dann den gehackten Knoblauch leicht braten. Wenn dieser duftet, die zerstoßene Mischung beigeben und weiterhin unter Umrühren bei niedriger Hitze braten, bis die Zutaten glänzen. Das Wasser beigeben und unter häufigem Umrühren einen Großteil davon verdunsten lassen, bis die Mischung ziemlich dick ist.

Sie legen diese nun in eine Schale, bestreuen das Gericht mit gehackten Korianderblättern und servieren es mit Gemüse.

HÜHNERBRÜHE

$2^1/_2$-3 kg Hühnerknochen
6 Liter Wasser
250 g Zwiebel, grobgehackt
125 g Sellerie, grobgehackt
1 EL Koriandersamen
1 TL schwarze Pfefferkörner

Sie waschen die Knochen in kaltem Wasser und legen sie in einen Topf mit kaltem Wasser. Rasch zum Kochen bringen, dann das Wasser abgießen und wegschütten. Die Knochen mit 6 Liter Wasser bedecken und alle anderen Zutaten hinzugeben. Vier Stunden lang sieden lassen, dabei den sich ansammelnden Schaum abschöpfen. Anschließend durch ein Tuch sieben.

Die Brühe kann in Behältern bis zu drei Monate tiefgefroren werden. Hausgemachte Hühnerbrühe verbessert sehr den Geschmack jener Rezepte, die eine Brühe erfordern.

MIENG KUM

In Blätter gewickelte Häppchen

Dies ist ein Gericht, das eher zu Hause gegessen wird als an Eßständen oder in Restaurants. In Thailand werden verschiedene eßbare Baumblätter verwendet, doch Salatblätter sind ein durchaus akzeptabler Ersatz. ⌚

1 Kopfsalat oder andere eßbare Blätter

***Füllung*:**

5 EL geraspelte Kokosnuß, im Ofen bei mittlerer Hitze hellbraun geröstet
3 EL feingewürfelte Schalotten
3 EL feingewürfelte Limone
3 EL feingewürfelter Ingwer
3 EL kleine getrocknete Shrimps, gehackt
3 EL ungesalzene geröstete Erdnüsse
2 EL gehackte grüne kleine Chilis

***Soße*:**

1 EL Shrimpspaste
½ EL in Scheiben geschnittene Galangawurzel
½ EL in Scheiben geschnittene Schalotten
2 EL geraspelte Kokosnuß
3 EL gehackte, ungesalzene Erdnüsse
2 EL gehackte, getrocknete Shrimps
1 TL in Scheiben geschnittenen Ingwer
1 Tasse gehackter Palmzucker
2½ Tassen Wasser

Bereiten Sie zuerst die **Soße** vor. Sie rösten die Shrimpspaste, Galangawurzel und die Schalotten, bis sie duften, und lassen das Ganze abkühlen. Mit der Kokosnuß, den Erdnüssen, Shrimps und dem Ingwer in einen Mixer oder eine Küchenmaschine geben und gut vermischen. Alternativ können Sie die Zutaten mit Mörser und Stößel zu einer feinen Textur verarbeiten.

Nun geben Sie die Mischung in eine tiefe Pfanne mit dem Zucker und dem Wasser, vermischen das Ganze und bringen es zum Kochen. Sieden lassen, bis sich die Mischung auf das Volumen einer Tasse reduziert hat, und anschließend abkühlen lassen.

Zum Servieren gießen Sie die Soße in eine Schale oder ein Soßengefäß und arrangieren die Zutaten in verschiedenen Häufchen auf kleinen Tellern oder Schalen. Verspeist wird das Gericht folgendermaßen: Sie nehmen ein Salatblatt, geben ein wenig von allen Zutaten in die Mitte und darauf einen Löffel Soße. Dann falten Sie das Ganze zu einem kleinen Paket.

KRATHONG THONG

Pastetchen mit gehacktem Huhn

***Rechte Seite**: Krathong Thong (links) und Tong Geon Yong (rechts). Das Rezept für Tong Geon Yong finden Sie auf Seite 46.*

Die delikaten Pastetenschälchen dieser Vorspeise werden mit einer speziellen Messingform hergestellt. Dünne Mürbeteigschalen oder Königinpastetchenformen können auch verwendet werden.

***Pastetenschalen**:*

$\frac{1}{2}$ Tasse Reismehl
6 EL einfaches Mehl
4 EL dünne Kokosmilch
2 EL Tapiokamehl
1 Eigelb
$\frac{1}{4}$ TL Zucker
$\frac{1}{4}$ TL Salz
$\frac{1}{4}$ TL Backpulver
4 Tassen Erdnuß- oder Maisöl

***Füllung**:*

2 EL Erdnuß- oder Maisöl
4 EL feingewürfelte Zwiebel
200 g gargekochtes Huhn oder Schwein, feingehackt
$\frac{1}{4}$ Tasse Zuckermaiskerne
2 EL feingewürfelte Karotten
2 EL Zucker
$\frac{1}{4}$ TL schwarze Sojasoße
$\frac{1}{2}$ TL Salz
$\frac{1}{2}$ TL weißer Pfeffer
Korianderblätter als Garnitur
1 rote Chili, in feine Scheiben geschnitten

Sie machen zuerst die **Pastetchenformen**, indem Sie alle Zutaten außer dem Öl in einer Schale vermischen. Das Öl erhitzen, dann die *Krathong*-Form darin erhitzen. Sie tauchen die Form in den Teig und anschließend wieder ins Öl. Etwa 5 Minuten lang hellbraun braten, dann schütteln Sie die Form, um die Teigschale herauszulösen. Auf Küchenrollenpapier abtropfen lassen. Sie wiederholen den Vorgang, um 20-25 Schalen zu fertigen.

Nun geht es an die **Füllung**. Das Öl in einen heißen Wok geben und darin 2 Minuten lang die Zwiebeln und das Fleisch pfannenrühren. Die restlichen Zutaten kommen hinzu und werden etwa 3 Minuten gebraten, bis das Gemüse ziemlich weich ist. Abkühlen lassen, dann die Füllung auf die Schälchen verteilen. Garnieren Sie die Vorspeise mit Korianderblättern und Scheibchen frischer roter Chili.

***Nützlicher Hinweis**:* Bei Verwendung einer *Krathong*-Form sollte diese sehr heiß sein, bevor man sie in den Teig taucht. Der Teig muß an der Form klebenbleiben, während man sie zum Garen wieder ins Öl taucht.

TONG GEON YONG & SAKUNA CHOMSUAN

Schweine- und Garnelenröllchen & Garnelen mit süßsaurer Soße

SCHWEINE- & GARNELENRÖLLCHEN

Der chinesische Einfluß macht sich bei diesem Gericht in der Verwendung von getrockneter Tofuhaut bemerkbar. Die Füllung kann im voraus zubereitet werden und die Röllchen kurz vor dem Braten. Ⓓ

125 g Shrimps oder Garnelen, feingehackt
125 g Schweinefleisch, feingehackt
1 EL helle Sojasoße
Jeweils 1 TL Korianderwurzel, Knoblauch und Pfefferkörner, zusammen zermahlen
Quadrate getrockneter Tofuhaut
4 Tassen Maisöl

***Rechts**: Sakuna Chomsuan. Abbildung von Tong Geon Yong auf Seite 45.*

Sie vermischen Garnelen und Scheinefleisch mit der Sojasoße und den gemahlenen Zutaten Korianderwurzel, Knoblauch und Pfefferkörnern. Die getrocknete Tofuhaut mit einem feuchten Tuch abwischen, um sie zu erweichen, und in Quadrate von jeweils 10 x 15 cm schneiden. Einen Löffel der Füllung hineingeben und dann wie eine Zigarre rollen.

Alternativ schneiden Sie Kreise von etwa 11 cm Durchmesser zu und plazieren die Füllung in die Mitte. Die Seiten andrücken, damit ein Bündel entsteht, und mit einem Streifen Frühlingszwiebel zusammenbinden.

Sie fritieren die Röllchen bei mittlerer Hitze in heißem Öl bis diese goldbraun sind. Mit Soja- oder Pflaumensoße servieren.

GARNELEN MIT SÜSSSAURER SOSSE

Eine einfache, aber stets beliebte Vorspeise. Die Garnelen können im voraus zubereitet und erst kurz vor dem Servieren fritiert werden. Verwenden Sie eine im Handel erhältliche süßsaure Soße als Tunke. Ⓓ

500 g frische Garnelen
2 Eier, leicht geschlagen
400 g feine Brotkrumen
Kochöl fürs Fritieren

Sie schälen die Garnelen, entfernen den Kopf, nicht jedoch den Schwanz. Jede Garnele am Rücken aufschlitzen, den Darmfaden entfernen und die Garnele durch leichten Druck mit der Hand zu einer Schmetterlingsform pressen. Die Garnelen in die Eier und Brotkrumen tauchen. Anschließen fritieren, bis sie eine goldene Farbe annehmen, und mit süßsaurer Soße servieren.

CHOR LADDA

Klößchen mit gehacktem Schwein und gehackten Garnelen

Das strahlende Blau dieser Klößchen ist der Farbe einer blauen Blume (*Anchun*) zuzuschreiben, die man in Wasser legt; aber auch andere Lebensmittelfarben können verwendet werden. ⌚⌚

Füllung:

½ Tasse geröstete, ungesalzene Erdnüsse, gehackt
½ TL Salz
2 EL Zucker
100 g Schweinehack
100 g gehackte Garnelen
100 g gehackter, gesalzener Rettich
2 EL Kochöl

Klößchen:

¼ Tasse Tapiokamehl
Etwa 2 EL getrocknete *Anchun*-Blumen oder ½ TL blaue Lebensmittelfarbe
2 Tassen Reismehl
¼ Tasse Kokosmilch
2 EL Kochöl
¼ Tasse Wasser
½ Tasse Kokoscreme
Bananenblatt oder Aluminiumfolie

In der Pfanne alle Zutaten der **Füllung** in Öl rühren, bis sie gar sind. Abkühlen lassen.

Sie bereiten die **Klößchen** zu, indem Sie alle Zutaten miteinander vermischen. Bei niedriger Hitze und unter ständigem Umrühren garen, bis sich die Mischung in einen elastischen Teig verwandelt. Mit Plastikfolie bedecken, während Sie die einzelnen Klößchen formen, damit der Teig nicht austrocknet.

Sie entnehmen jeweils eine kleine Teigkugel und plätten diese zu einem Kreis von etwa 6 cm Durchmesser. Einen Teelöffel der Füllung in die Mitte legen und die Enden einfalten. Mit speziellen Formen oder durch Handarbeit verleihen Sie den Klößchen eine Blumenform. Sie legen diese auf ein eingeöltes Bananenblatt oder auf Aluminiumfolie und geben etwa 1 Teelöffel Kokoscreme auf jedes Klößchen, um es vor dem Austrocknen zu bewahren.

Die Klößchen ca. 8 Minuten gardünsten. Warm auf einem Bett goldknusprig gebratenen Knoblauchs servieren und mit Kokoscreme servieren.

Nützlicher Tip: In Thailand werden gezackte Miniaturzangen oder -formen verwendet, um die „Blütenblätter“ entstehen zu lassen. Steht solch exotisches Utensil nicht zur Verfügung, müssen die Finger den Klößchen ihre dekorative Form verleihen.

TOM YAM GOONG

Würzige Garnelensuppe mit Zitronengras

Diese scharfe, saure und duftende Suppe ist eines der im Ausland bekanntesten Thai-Gerichte und eine ideale Ergänzung zu anderen Thai-Gerichten sowie Reis. ⌚⌚

4 Tassen Hühnerbrühe (Seite 41)
3 Kaffirlimonenblätter mit Wurzeln
5 cm Galangawurzel, in Scheiben geschnitten
3 Stengel Zitronengras, zerdrückt
8 mittlere bis große Garnelen
150 g *Volvariella volvacea* (kleine braune Pilze)
5 kleine grüne und rote Chilis
3 EL Limonensaft
½ EL Fischsoße
Eine Handvoll frischer Korianderblätter

Sie bringen die Brühe zum Kochen und geben Zitronengras, Galangawurzel sowie Kaffirlimonenblätter und Korianderwurzeln hinzu. 3 Minuten sieden lassen. Nun geben Sie die Garnelen, Pilze und Chilis bei und lassen das Ganze 3 weitere Minuten sieden. Es folgen Limone und Fischsoße (die sehr salzig ist) nach Geschmack. Die Suppe sollte würzig-sauer und ein wenig salzig sein. Mit frischem Koriander garniert servieren.

Nützliche Tips: Die Garnelen nicht zu lange kochen, sonst werden sie zäh. Verwenden Sie hausgemachte Hühnerbrühe, denn die sorgt für den bestmöglichen Geschmack.

POH TAEK

Würzige Meeresfrüchtesuppe

Thailands Fülle an Meeresfrüchten sorgt für die Verbreitung von Meeresfrüchtegerichten. Der herrliche Geschmack dieser Suppe wird durch zitronige Kräuter und Galangawurzel noch verstärkt. ⌚⌚

6 Tassen Hühnerbrühe (Seite 41)
150 g Seebarsch oder anderen Fisch, gesäubert und in 6 Stücke geschnitten
5 große Garnelen
1 Krebs, gesäubert, mit entferntem Panzer und in 6 Stücke geschnitten
6 Miesmuscheln in der Schale, gut gesäubert
150 g Tintenfisch, gesäubert und in 2 cm große Scheiben geschnitten
2 Stengel Zitronengras, in Teile von je 0,5 cm Länge geschnitten
8 cm Galangawurzel, in Scheiben geschnitten
3 Kaffirlimonenblätter
Eine Handvoll Basilikumblätter (*Horapa*)
8 grüne kleine Chilis, leicht zerdrückt
5 getrocknete rote Chilis, leicht angebraten
$^1/_4$ TL Palmzucker
3 EL Fischsoße (oder nach Geschmack)
1 EL Limonensaft (oder nach Geschmack)

Sie bringen die Hühnerbrühe zum Kochen und geben allen Fisch und Meeresfrüchte bei. Dann kommen Zitronengras, Galangawurzel und Limonenblätter hinzu, und das Ganze muß wiederum kochen. Es folgen alle restlichen Zutaten, 2 weitere Minuten kochen lassen und von der Hitzequelle entfernen. Mit Fischsoße und Limonensaft abschmecken.

Sie servieren die Suppe in Schalen. Beilagen sind Reis, Fischsoße und Limonensaft.

TOM KHA GAI

Würzige Hühnersuppe mit Kokosmilch

Eine herrliche Suppe, cremig durch die Kokosmilch und nach dem schwer zu definierenden Aroma der Galangawurzel duftend. Verringern Sie die Anzahl der Chilis, wenn die Suppe nicht zu scharf sein soll.

1 Tasse Hühnerbrühe (Seite 41)
2 Stengel Zitronengras
5 cm Galangawurzel
3 Kaffirlimonenblätter, in kleine Stücke zerrissen
400 g Hühnerfleisch, in Streifen von 1,3 cm
100 g kleine braune Pilze (*Volvariella volvacea*)
1 TL Salz
4 EL Limonensaft
3 EL Fischsoße
½ TL Zucker
3 Tassen Kokosmilch
6 kleine rote Chilis, halb zerdrückt

Sie geben die Brühe in einen Topf und Zitronengras, Galangawurzel und die Kaffirlimonenblätter hinzu. Bei mittlerer Hitze zum Kochen bringen. Hinzu kommen Huhn, Pilze, Salz, Limonensaft, Fischsoße und Zucker. Langsam unbedeckt etwa 10 Minuten lang kochen lassen, dann Kokosmilch und Chilis beigeben. Unter häufigem Umrühren fast zum Kochen bringen und anschließend servieren.

Nützlicher Tip: Lassen Sie die Suppe vorsichtig kochen, damit sich die Kokosmilch nicht abtrennt.

GAENG JUED WOON SEN & GAENG NOPPAKAO

Klare Suppe mit Glasnudeln & Gemüsesuppe

***Rechts**: Gaeng Noppakao (links) und Gaeng Jued Woon Sen (rechts).*

KLARE SUPPE MIT GLASNUDELN

Gaeng Jued („einfache Suppe“) ist klar und mild, ein Kontrast zu den sonst würzigen oder öligen Nebengerichten. ⌚⌚

300 g Schweinehack
½ TL helle Sojasoße
¼ TL weißes Pfefferpulver
4 Tassen Hühnerbrühe (Seite 41)
7 weiße Pfefferkörner, zerstoßen
5 Knoblauchzehen, zerstoßen
100 g Glasnudeln, in Wasser eingeweicht und in dünne Scheiben geschnitten
1 TL Fischsoße
¼ TL Zucker
3 Frühlingszwiebeln, in 1 cm großen Stücken
2 EL gehackte Korianderblätter

Schweinehack, Sojasoße und weißen Pfeffer vermischen und zu kleinen Fleischklößen formen.

Sie erhitzen die Hühnerbrühe, geben die zerstoßenen Pfefferkörner und den Knoblauch hinzu und bringen das Ganze zum Kochen. Nun kommen die Klöße hinein, dann Nudeln, Fischsoße und Zucker. Sieden lassen, bis die Klöße gar sind. Frühlingszwiebeln und Koriander beifügen und sofort vom Herd nehmen. Mit Reis servieren.

Nützlicher Tip: Die Glasnudeln und Pilze ca. 5 Minuten in warmem Wasser einweichen.

GEMÜSESUPPE

Dies ist weniger eine Suppe im westlichen Sinn, sondern Gemüse mit ein wenig Schwein, Huhn und Garnelen, in gewürzter Brühe gegart. ⌚⌚

5 Tassen gemischtes Gemüse wie Netzgurke, Eierkürbis, Kürbis, kleine braune Pilze (*Volvariella volvacea*), Babymais oder grüne Bohnen, in Stücken
150 g mageres Schwein, sehr dünne Scheiben
150 g Huhn, in sehr dünnen Scheiben
150 g Garnelen, geschält, aber mit Schwänzen
4 Tassen Hühnerbrühe (Seite 41)
2 EL Fischsoße
1 Tasse Zitronenbasilikumblätter (*Manglak*)

Würze:

10 schwarze Pfefferkörner
1 TL Garnelenpaste
10 Schalotten
¼ Tasse getrocknete Garnelen oder Shrimps

Mahlen Sie die **Würzzutaten** in einem Mörser oder Mixer zu feiner Konsistenz.

Diese Mischung der Hühnerbrühe hinzugeben und zum Kochen bringen, dabei durch Umrühren ein Ankleben verhindern. Hinzu kommen Gemüse, Schwein, Huhn und Garnlelen. Garsieden lassen. Mit Fischsoße oder Salz abschmecken, dann vom Herd nehmen. Basilikum beifügen, servieren.

GAENG SOM

Saure Suppe mit Gemüse und Garnelen

Saurer, aber duftender Tamarindensaft verleiht dieser relativ milden Suppe eine besondere Note. Sie ist voller Gemüse und wartet zudem mit zerstoßenen Garnelen oder zerstoßenem Fisch auf. Wie bei anderen Arten von *Gaeng* hat auch diese Suppe sehr wenig Flüssigkeit.

400 g Garnelen oder Fischfilets
3 Tassen Wasser
125 g kleine braune Pilze (*Volvariella volvacea*)
1 großer weißer Rettich, in Scheiben geschnitten
$^{1}/_{2}$ Tasse in Scheiben geschnittene grüne Papaya
60 g grüne Bohnen, in 2,5 cm große Stücke geschnitten
60 g Blumenkohl, in Röschen zerbrochen
60 g chinesischer weißer Kohl, in 2,5 cm große Stücke geschnitten
4 EL Tamarindensaft
2 EL Limonensaft (wahlweise)
1 EL gehackter Palmzucker
1 TL Salz

Gewürzpaste:
3 getrocknete Chilis, eingeweicht
2 TL feingehacktes *Krachai* (wahlweise)
2 TL feingehackter Knoblauch
2 TL feingehackte Schalotten

Garen Sie die Garnelen oder Fischfilets in 3 Tassen Wasser. In der Brühe abkühlen lassen, dann die Garnelen schälen und jegliche Gräten vom Fisch entfernen. Die Brühe beiseitestellen.

Zerstoßen oder mahlen Sie Garnelen oder Fisch, bis sie breiig sind. Beiseitestellen. Sie mahlen die Gewürzpastezutaten und geben diese dann in eine Pfanne mit der Tasse Brühe, Garnelen oder Fisch und dem Gemüse. Zum Kochen bringen und sieden lassen, bis die Zutaten gerade gar sind. Anschließend fügen Sie nach Geschmack Tamarindensaft, Limonensaft, Zucker und Salz hinzu.

Nützlicher Tip: Jede Gemüsekombination kann verwendet werden. Empfehlenswert sind: Eierkürbis, Aubergine, runder Kohl und junge Champignons.

PAD THAI GOONG SOD

Gebratene Reisnudeln mit Garnelen

Getrocknete Reismehlfadennudeln werden für dieses Gericht verwendet, eine der Dutzenden von Nudelkreationen Thailands. Der eingelegte weiße Rettich ist in Dosen – meist aus China – erhältlich.

🕐🕐

½ Tasse Öl
1 EL gehackter Knoblauch
1 EL gehackte Schalotten
300 g getrocknete Reismehlfadennudeln, in warmem Wasser eingeweicht
1 EL gehackter, eingelegter weißer Rettich
1 Stück hartes Sojatofu
1 TL getrocknete Chilis, gemahlen
4 EL Zucker
3 EL Fischsoße
4 EL Tamarindensaft
3 Eier
500 g Sojabohnensprossen
Ein Büschel flacher chinesischer Schnittlauch
½ Tasse geröstete Erdnüsse, gemahlen
½ Bananenblüte, weichgekocht (wahlweise)
4 gegrillte Riesengarnelen, je etwa 100 g

Sie erhitzen 3 Eßlöffel Öl in einem Wok und sautieren Knoblauch und Schalotten. Die Nudeln hinzugeben, braten und dabei ständig wenden, damit sie nicht ankleben. Die Nudeln entfernen und beiseitestellen.

Sie geben weitere 3 Eßlöffel Öl in die Pfanne und wenn sie heiß ist, den eingelegten weißen Rettich, Tofu und getrocknete Chilis dazu. 2-3 Minuten rühren und dann die Nudeln wieder hineingeben. Nun kommen Zucker, Fischsoße und Tamarindensaft hinzu; gründlich vermischen und auf einem Teller beiseitestellen.

Sie gießen weitere 2 Eßlöffel Öl in die Pfanne, und wenn diese heiß ist, 3 Eier, die gerührt werden, so daß sie in der Pfanne eine dünne Schicht bilden. Anschließend wieder die Nudeln beigeben und gründlich vermischen. Es folgen die Hälfte der Bohnensprossen und der flache chinesische Schnittlauch. Wiederum gründlich vermischen und mit den gemahlenen Erdnüssen bestreuen. Mit Zucker, Fischsoße und Tamarindensaft abschmecken.

Mit den übrigen Bohnensprossen, der Bananenblüte und dem chinesischen Schnittlauch servieren. Die gegrillten Garnelen kommen getrennt auf den Tisch.

Nützlicher Tip: Gebratene Nudeln erfordern viel Öl. Man kann aber so wenig wie möglich verwenden, indem man hin und wieder kleine Mengen beifügt (statt alles Öl auf einmal), um die Nudeln vor dem Austrocknen zu bewahren.

KWAYTIAOW PAD KEEMAO THALAY

Frische Reismehlnudeln mit Meeresfrüchten und Basilikum

Frische *Kwaytiaow,* flache Reismehlnudeln, sind chinesischen Ursprungs und werden nun in vielen Teilen Thailands enthusiastisch genossen. Man serviert sie entweder in Suppen oder mit schmackhaften Zutaten pfannengerührt. Diese Version gebratener *Kwaytiaow* ist besonders in Küstenregionen beliebt, wo eine breite Auswahl an Meeresfrüchten zur Verfügung steht. ◷◷

500 g gemischte Meeresfrüchte, etwa Tintenfisch, Garnelen, Fisch, gedünstete Venusmuscheln oder Miesmuscheln
3 EL zerstoßener Knoblauch
Eine knappe $^1/_2$ Tasse Öl
2 EL helle Sojasoße
500 g frische Reismehlnudeln
3 EL Fischsoße
Ein paar Basilikumblätter (*horapa*)
3 rote Chilis, grobgehackt
Weißes Pfefferpulver nach Geschmack

Schneiden Sie die Meeresfrüchte in Stücke. Den Knoblauch in 4 Eßlöffel Öl goldbraun braten, dann den Knoblauch entfernen. Die Meeresfrüchte in demselben Öl ein paar Minuten lang sautieren. Das Öl abgießen und beiseitestellen.

Sie verrühren die Nudeln mit Sojasoße 2-3 Minuten lang im verbleibenden Öl und geben dann die gegarten Meeresfrüchte hinzu. Gut vermischen und die Fischsoße, Basilikumblätter und Chilis beifügen. Umrühren, mit weißem Pfeffer nach Geschmack bestreuen und eine weitere Minute lang garen lassen.

KHAO SOI

Hühnersuppe mit Nudeln nach Art des Nordens

Dieses burmesisch beeinflußte Gericht mit seiner curryartigen Soße, die Huhn und Nudeln einhüllt, ist in Chiang Mai und anderen nördlichen Städten zur Mittagszeit sehr beliebt. ⌚⌚

4 Tassen Kokosmilch
300 g enthäutete Hühnerbrust, ohne Knochen, der Länge nach in Stücke von 1 cm geschnitten
1 EL helle Sojasoße
1 EL schwarze Sojasoße
2 TL Salz
400 g getrocknete Eiernudeln
Erdnuß- oder Maisöl fürs Braten

Chilipaste

4 getrocknete Chilis, grobgehackt
2 EL gehackte Schalotten
3 TL in Scheiben geschnittener Ingwer
2 TL Koriandersamen
1 erbsengroßes Stück frische Kurkuma oder 1 TL Kurkumapulver

***Beilagen*:**

2 EL in Scheiben geschnittene Schalotten
$^1/_4$ Tasse eingelegter Kohl, gehackt
1 EL getrocknete Chilis, gemahlen

Sie bereiten zuerst die **Chilipaste** zu, in dem Sie alle Zutaten etwa 8-10 Minuten lang trockenbraten, bis sie duften, und diese dann zu feiner Konsistenz zerstoßen.

Sie erhitzen 1 Tasse Kokosmilch, fügen die Chilipaste hinzu und kochen das Ganze 2 Minuten lang. Hinzu kommen das Huhn und die Sojasoßen. Etwa 3 Minuten lang unter häufigem Umrühren garen, dann den Rest der Kokosmilch beigeben und zum Kochen bringen. 3 Minuten sieden lassen, dann das Salz hinzufügen und vom Feuer nehmen.

Sie braten 100 g der Nudeln in heißem Öl, bis diese knusprig sind. Vom Herd nehmen und gut abtropfen lassen. Den Rest der Nudeln in Wasser kochen, bis sie gar, aber noch fest sind, dann abtropfen lassen.

Sie geben die gekochten Nudeln in Servierschalen und gießen die Huhn-Kokos-Mischung darüber. Mit den gebratenen Nudeln garnieren. Als Beilagen reichen Sie Schalen mit den geschnittenen Schalotten, dem gehackten eingelegten Kohl und dem Chilipulver. Jeder Gast kann sich nach Geschmack davon nehmen.

KWAYTIAOW NUEA SAB

Frische Reismehlnudeln mit gehacktem Rindfleisch

Dies ist eine weitere Version der beliebten chinesischen *Kwaytiaow*-Nudeln (siehe Seite 62). ◷◷

1 TL gehackter Knoblauch
Eine knappe ½ Tasse Öl
500 g frische flache Reismehlnudeln
½ EL schwarze Sojasoße
6 Kopfsalatblätter
2 EL feingehackte Schalotten
300 g feingehacktes Rindfleisch
½ Tasse Wasser
3 TL helle Sojasoße
1 TL Reismehl, mit 2 EL Wasser vermischt
4-6 Wachteleier, hartgekocht und geschält (wahlweise)
Salz und Pfeffer nach Geschmack
2 Limonen, in Scheiben geschnitten

Sie bräunen den Knoblauch in 6 Eßlöffeln Öl, geben die Nudeln hinzu und sautieren diese 1-2 Minuten lang, die schwarze Sojasoße hinzufügend. Die Nudeln über die Salatblätter schütten.

Sie bräunen die Schalotten im Rest des Öls. Das Fleisch, Wasser und die helle Sojasoße hinzufügen und gut umrühren. Wenn die Soße zu kochen anfängt, das mit Wasser vermischte Maismehl und die Wachteleier (falls erwünscht) einrühren. Mit Salz und Pfeffer abschmecken. Ein paar Minuten lang sieden lassen, bis sich die Soße verdickt und aufklart, dann die Mischung über die Nudeln gießen und mit Limonenscheiben servieren.

KANOM JEEN NAM YAA

Reisnudeln mit Fischcurrysoße

Eine schmackhafte leichte Mahlzeit mit den runden frischen Reismehlnudeln namens *Kanom Jeen*. Wegen ihrer Länge werden *Kanom Jeen* meist bei Familienzeremonien wie Hochzeiten und Geburtstagen serviert. Die Nudeln bricht man vor dem Servieren nie, denn sie symbolisieren ein langes Leben. Falls frische Reismehlnudeln nicht zur Verfügung stehen, verwenden Sie andere frische Teigwaren, etwa die feinen Engelshaarnudeln.

***Soße*:**

- **7 Schalotten, grob gehackt**
- **2 Knoblauchzehen**
- **2 Scheiben Galangawurzel**
- **2 EL geschnittenes Zitronengras**
- **1 Tasse gehacktes *Krachai* (wahlweise)**
- **3 getrocknete Chilis, ohne Samen**
- **1 TL Salz**
- **1 TL Shrimpspaste**
- **1 Tasse Wasser**

***Brühe*:**

- **1 kleiner, schmackhafter Fisch (etwa 200 g)**
- **$4^1/_2$ Tassen Kokosmilch**
- **$^1/_2$ Tasse Kokoscreme**
- **2-3 EL Fischsoße**

***Beilagen*:**

- **1 kg frische Reisnudeln (*Kanom Jeen*) oder frische Engelshaarnudeln**
- **2 hartgekochte Eier, geschält und geviertelt**
- **$^1/_2$ Tasse Kohl, in Scheiben geschnitten**
- **$^1/_2$ Tasse Gurke, in Scheiben geschnitten**
- **$^1/_2$ Tasse blanchierte Sojabohnensprossen**
- **1 kleines Büschel Zitronenbasilikum (*Manglak*)**
- **1 EL getrocknete Chilis, gemahlen**

Sie geben alle **Soßenzutaten** in einen Topf und lassen diese bei niedriger Hitze sieden, bis sie weich sind. Vom Herd nehmen, abkühlen lassen, in einen Mörser oder Mixer geben und zu feiner Konsistenz verarbeiten.

Nun zur Zubereitung der **Brühe**. Sie waschen und säubern den Fisch, entfernen Kopf und Eingeweide und lassen ihn in gerade so viel Wasser sieden, daß er bedeckt ist. Der Fisch muß weich sein. Abtropfen lassen und das Wasser aufbewahren. Das Fleisch vom Fisch lösen, zur Soße geben und in einem Mörser oder Mixer gründlich vermischen.

Die Soße in einen Topf schütten, dazu die Kokosmilch. Zum Kochen bringen, dann die Fischbrühe und Fischsoße hinzufügen. Unter regelmäßigem Umrühren, um ein Ankleben zu verhindern, sieden lassen, bis sich die Soße verdickt hat und die Oberfläche hellrot schimmert. Die Kokoscreme beigeben und vom Herd nehmen.

Sie arrangieren jeweils eine Portion der Reisnudeln und ein wenig von den Beilagen in einzelnen Schalen. Die Soße vor dem Servieren darüberlöffeln.

KHAO YAM PAK TAI

Reissalat nach Art des Südens

Dieses Rezept verwendet übriggebliebenen Reis und ist ein ideales Mittagsgericht. Die Gewürze und Beilagen zum Reis variieren je nach Geschmack und Verfügbarkeit. Nicht alle Zutaten, die im folgenden Rezept zum Einsatz kommen, sind auf dem Foto rechts zu sehen. ⌚⌚

2 Tassen kalter gekochter Reis
2 Tassen geraspelte Kokosnuß, im Ofen 5-8 Minuten gebräunt
1 kleine Pomelo oder Grapefruit, in Stückchen
1 kleine grüne Mango, in Stückchen (wahlweise)
½ Tasse getrocknete Shrimps, gehackt
½ Tasse Sojabohnensprossen
½ Tasse feingeschnittenes Zitronengras
¼ Tasse geschnittene grüne Bohnen
1 Ei, geschlagen, zu einem Omelett gebraten und zerkleinert
2 getrocknete rote Chilis, zerstoßen
1 EL sehr fein zerkleinertes Kaffirlimonenblatt
1 EL gehackter frischer Koriander
125 g gekochte Garnelen als Garnitur (wahlweise)
Limonenscheiben

***Soße*:**

1 Tasse Wasser
2 EL gehackte Anchovis in Salzwasser
1 EL gehackter Palmzucker
2 Kaffirlimonenblätter, in kleinen Stückchen
1 cm Zitronengras, sehr fein geschnitten

Sie geben alle **Soßenzutaten** in eine Pfanne, bringen das Ganze zum Kochen und lassen es 5 Minuten lang sieden. Vom Herd nehmen, durchsieben und beiseitestellen.

Sie geben den Reis – jeweils eine halbe Tasse – in kleine Schalen. Den Reis nach unten drücken, dann die Schalen auf einer größeren Servierplatte umdrehen und den Reis dort plazieren. Die weiteren rohen Zutaten arrangieren Sie in Häufchen um den Reis.

Etwas Reis auf die Teller geben und dazu nach Geschmack von den Beilagen hinzufügen. Die Soße daraufgeben.

***Nützliche Tips*:** Europäische Anchovis in Dosen sind ein akzeptabler Ersatz für Thai-Anchovis.

SOM TAM THAI

Grüner Papayasalat

Dieser hervorragende Salat, ursprünglich ein Gericht aus Isan, aus dem Nordosten, wird nun von Straßenständen im ganzen Land angeboten. *Som Tam* vermittelt die wichtigsten Geschmacksrichtungen Thailands: chilischarf, nach Knoblauch und Fischsoße duftend und sauer durch den Limonensaft. Die Grundzutat, unreife Papaya, bietet in der Textur einen Kontrast zu den rohen Bohnen und Erdnüssen. ⌚⌚

300 g unreife grüne Papaya, geschält und in sehr feine Stifte geschnitten
7 kleine grüne Chilis
5 Knoblauchzehen
50 g grüne Bohnen, in 1 cm große Stücke geschnitten
2 EL ungesalzene geröstete Erdnüsse
1 EL getrocknete Shrimps
6 Kirschtomaten, geviertelt, oder 1 große Tomate, in Scheiben geschnitten
3 EL Limonensaft
1 EL gehackter Palmzucker
1 EL Fischsoße

Sie nehmen jeweils ein wenig von der Papaya, von den Chilis und dem Knoblauch und zerstoßen die Zutaten grob mit Mörser und Stößel. Alternativ kurz in einen Mixer geben. In einer Schale beiseitestellen und den Vorgang wiederholen, bis Papaya, Chilis und Knoblauch aufgebraucht sind.

Sie rühren die Bohnen, Erdnüsse, getrockneten Shrimps und die Tomate ein, vermischen alles gut und geben die Gewürze bei.

Sie servieren das Gericht mit rohem Gemüse (Kohl, Wasserwinde oder Winde) und Basilikumzweigen. Für eine komplette Mahlzeit geben Sie Klebreis und Brathuhn hinzu.

Nützliche Hinweise: Wenn Sie getrocknete Garnelen statt getrocknete Shrimps verwenden, weichen Sie diese 5 Minuten in warmem Wasser ein und hacken sie dann grob. Bereiten Sie den Salat kurz vor dem Verzehr zu, sonst verliert die Papaya ihre feste Beschaffenheit.

YAM SOM-O

Würziger Pomelosalat

Große, runde Pomelos, Vorläufer der Grapefruit, sind generell voll süßen Saftes und werden sowohl als Frucht verzehrt als auch mit sauren, würzigen Zutaten zu einem Salat vermischt. Ein beliebter Thai-Imbiß besteht darin, Pomelostücke in eine Soße (oder *Phrik)* zu tauchen, die gerade zur Verfügung steht. Dieser Salat paßt gut zu Reis und anderen gegarten Gerichten.

1 Pomelo oder 2 Grapefruits
2 EL Limonensaft
1 EL Fischsoße
1 EL Zucker
150 g gekochte Garnelen
200 g gekochte Hühnerbrust, zerkleinert
2 EL geraspelte frische oder getrocknete Kokonuß
½ Tasse Kokoscreme
1 EL getrocknete Shrimps, feingehackt

Sie schälen die Pomelo und zerkleinern das Fruchtfleisch. Sie geben Limonensaft, Fischsoße und Zucker in eine Schale und vermischen die Zutaten durch Umrühren. Hinzu kommen nun Garnelen, Huhn, geraspelte Kokosnuß und Kokoscreme. Weiterhin rühren, bis alles gut vermischt ist. Sie geben die Pomelo hinein und rühren, bis die Frucht gut von der Mischung benetzt ist.

Auf eine Servierplatte legen, mit den getrockneten Shrimps bestreuen und servieren.

Nützlicher Tip: Stehen getrocknete Shrimps nicht zur Verfügung, lassen Sie die Zutat ganz weg.

PLA NUEA MAKREUA ORN

Rindfleischsalat mit Aubergine

Frisches Rindfleisch kann zwar für diesen Salat verwendet werden, aber er eignet sich auch ideal für übriggebliebenen Braten oder bereits gegrilltes Rindfleisch.

3 kleine runde, grüne Auberginen oder 1 lange dünne Aubergine
3 EL Öl
300 g rohes oder gegartes Rinderfilet, in Scheiben geschnitten
1 EL in Scheiben geschnittene Schalotten
5 grüne kleine Chilis, grobgehackt
2 EL Limonensaft
1 EL Fischsoße
$\frac{1}{4}$ TL Zucker

Sie schneiden die Aubergine in 1 cm dicke Scheiben und braten diese, bis sie gar sind. In eine Schale legen.

Bei der Verwendung von rohem Rind, dieses in einer Bratpfanne mit ein wenig Öl und bei großer Hitze garbraten. Das Rindfleisch mit der Aubergine und den restlichen Zutaten gut vermischen.

Das Gericht soll beim Servieren Zimmertemperatur haben. Mit weißem Reis auftischen.

PAD PAK RUAM MIT

Gemischtes gebratenes Gemüse

Diese Methode der Zubereitung von Gemüse kann mit einzelnen Gemüsesorten wie Grünkohl oder Broccoli oder mit fast jeder Kombination von Gemüsen angewandt werden. ⌚

50 g Zuckererbsen
50 g junger Grünkohl
50 g Kohl
50 g Broccoli
50 g Blumenkohl
50 g Pilze
50 g Babymais
$^1/_4$ Tasse Erdnuß- oder Maisöl
3 El feingehackter Knoblauch
$^1/_2$ Tasse Hühnerbrühe (Seite 41)
4 EL Austernsoße
1 EL helle Sojasoße
$^1/_4$ TL schwarze Sojasoße
$^1/_2$ TL weißes Pfefferpulver

Sie schneiden das Gemüse in mundgerechte Happen und mischen die verschiedenen Sorten in einer Schale. Das Gemüse dann für einige Sekunden in kochendem Wasser blanchieren, abtropfen lassen und beiseitestellen.

Einen Wok erhitzen, bis er leicht dampft, und dann das Öl hineingeben. Ist es heiß, fügen sie den Knoblauch bei und rühren gut um. Hinzu kommen gleichzeitig das Gemüse und die Hühnerbrühe. Etwa 3-4 Minuten pfannenrühren, bis das Gemüse gerade gar ist; es sollte noch leicht knackig sein. Sie geben die Austernsoße und die Sojasoßen hinzu und streuen den Pfeffer darüber. Gut vermischen und 1 Minute lang garen. Mit Reis servieren.

Nützlicher Tip: Verwenden Sie maximale Hitze, um das Gemüse pfannenzurühren. Somit wird die richtige Textur und der beste Geschmack garantiert.

KANA MOO GROB

Grünkohl mit knusprigem Schweinefleisch

Gemüse wird häufig mit ein wenig Fleisch, Geflügel oder Meeresfrüchten zubereitet, um ihm Geschmack und eine kontrastierende Textur zu verleihen. Grünkohl, in Thailand unter der chinesischen Bezeichnung *Kai Lan* bekannt, ist wegen seiner festen Stengel beliebt. Steht dieses Gemüse nicht zur Verfügung, sind Broccolistengel ein passender Ersatz.

1 kg Grünkohl oder 500 g Broccolistengel
3 EL ÖL
1 EL feingehackter Knoblauch
300 g knuspriges Schweinefleisch, gewürfelt
4 EL Austernsoße
$^{1}/_{4}$ TL Salz
$^{1}/_{4}$ TL weißes Pfefferpulver
1 TL Zucker
1 Tasse Hühnerbrühe (Seite 41)

Entfernen Sie die Blätter und den zähen unteren Teil der Grünkohlstengel. Die harte Haut der zarten Stengel auch entfernen. Die Stengel in 5-8 cm große Stücke schneiden.

Öl in einem Wok erhitzen. Wenn es sehr heiß ist, braten Sie den Knoblauch, bis er duftet, und fügen dann Grünkohl und Schweinefleisch hinzu. Durch Umrühren gut vermischen, dann alle Gewürze und die Brühe beigeben. Gut vermischen, nochmals erhitzen und sofort servieren.

Nützliche Tips: Schweinebraten mit einer Schicht Fleisch, einer dünnen Schicht Fett und goldbrauner Kruste kontrastiert in Geschmack und Textur auf schöne Weise mit dem Gemüse. Wenn auch unkonventionell, eignen sich dicke Scheiben knusprig gebratenen Specks hervorragend als Ersatz.

PLA MUK TOD & CHU CHEE GOONG LAI

Gebratener Tintenfisch & Sautierte Garnelen mit Chili

Rechts: *Chu Chee Goong Lai (oben) und Pla Muk Tod (unten).*

GEBRATENER TINTENFISCH MIT KNOBLAUCH & PFEFFER

Trotz der Einfachheit und Schnelligkeit der Zubereitung eine leckere Art, Tintenfisch zu garen. ⌚

600 g frischer Tintenfisch
2 EL Öl
100 g Knoblauch, gehackt
1 TL schwarze Pfefferkörner, zerstoßen
2 EL Austernsoße
1 EL helle Sojasoße
1 TL Zucker
Korianderblätter als Garnitur

Enfernen Sie die Tentakel und den harten schnabelartigen Teil. Entfernt wird auch die Haut des Tintenfisches, dann wird er innen gesäubert und in mundgerechte Happen geschnitten. Gründlich trocknen lassen und beiseitestellen.

Öl in einem Wok auf mittlere Hitze bringen. Den Knoblauch goldbraun braten, dann den Tintenfisch und seine Fangarme zusammen mit den Gewürzen beigeben. Ein paar Minuten garen, bis der Tintenfisch weiß wird. Heiß und mit Korianderblättern bestreut servieren.

Nützlicher Tip: Es gilt, frischen und nicht tiefgefrorenen Tintenfisch zu verwenden, da letzterer beim Braten zuviel Wasser ausscheidet.

SAUTIERTE GARNELEN MIT CHILI

Ein curryartiges Gericht, bei dem die Garnelen in einer würzigen Kokosmilchsoße gegart werden und vom Basilikum zusätzlichen Geschmack erhalten. Obwohl meist Riesengarnelen (etwa 12 pro Kilo) verwendet werden, können auch kleinere Exemplare als Ersatz dienen. ⌚⌚

400 g Riesengarnelen
½ Tasse Kokoscreme
2 EL rote Currypaste (Seite 38)
2½ Tassen Kokosmilch
3 EL Fischsoße
2 EL gehackter Palmzucker
2 gehackte Kaffirlimonenblätter
Basilikum- oder Korianderblätter als Garnitur
3 rote Chilis, längs in feine Streifen geschnitten

Schale von den Garnelen entfernen, Kopf und Schwanz abschneiden. Am Rücken entlang aufschlitzen und den Darm herauslösen.

Die Kokoscreme erhitzen, Currypaste hinzugeben und unter Umrühren garen, bis es duftet. Hinzu kommen die Kokosmilch, und wenn das Ganze kocht, die Garnelen. 15 Minuten sieden lassen, bis die Garnelen gar sind. Mit Fischsoße und Palmzucker abschmecken.

Die Garnelen auf einer Platte garniert mit Kaffirlimonenblättern, Basilikum und Chilis servieren.

GOONG POW

Über Holzkohle gegrillte Garnelen mit süßer Soße

Der Duft von Meeresfrüchten, die über einem Holzkohlefeuer grillen, ist unwiderstehlich. In Thailand wird dieses Gericht mit riesigen Süßwassergarnelen zubereitet. Kleine Flußkrebse oder Langusten können als Ersatz dienen. ⌚

3 große Süßwassergarnelen oder kleine Flußkrebse bzw. Langusten
Folie oder Bananenblatt

***Soße*:**

$^1/_3$ Tasse Wasser
1 EL Zucker
$^1/_2$ TL Salz
$1^1/_2$ EL gehackter Knoblauch
$^1/_2$ EL gehackte Chilis
1 TL frischer gehackter Koriander
2 EL Limonensaft

Sie bereiten zuerst die **Soße** zu. Das Wasser und den Zucker in eine Pfanne über niedriger Hitze geben und umrühren, bis sich der Zucker aufgelöst hat. Die Hitzezufuhr abstellen, das Salz hinzufügen und gut umrühren. Vom Herd nehmen und abkühlen lassen, dann alle restlichen Zutaten hineingeben und gründlich vermischen.

Sie säubern die Garnelen und wickeln diese sicher in Folie oder einem Bananenblatt ein. Über einem heißen Holkohlenfeuer etwa 12 Minuten lang grillen. Sie servieren die Garnelen mit der Soße.

POO OB WOON SEN

Krebse in der Kasserolle mit Glasnudeln

In einem Tontopf zubereitete Gerichte sind chinesischen Ursprungs. Eine beliebte Thai-Adaptation verwendet entweder Krebsscheren oder ganze Krebse, in Stücke geschnitten. Normalerweise werden Scheiben vom Schweinefett verwendet, doch Speck verbessert nochmal den Geschmack eines bereits sehr pikanten Gerichts.

2 Streifen durchwachsener Speck, in 2,5 cm große Stücke geschnitten
2 ganze Krebse, ohne Schale, oder 500 g Krebsscheren
2 Korianderwurzeln, entzweigeschnitten
5 cm Ingwer, zerstoßen oder feingehackt
3-4 Knoblauchzehen, gehackt
1 EL weiße Pfefferkörner, zerstoßen
250 g Glasnudeln (*Woon Sen*), 5 Minuten lang in kaltes Wasser eingeweicht
1 TL Butter
3 EL schwarze Sojasoße
$^1/_4$ Tasse gehackte Korianderblätter und -stengel
2 Frühlingszwiebeln, in Stücke von 4 cm Länge geschnitten

Brühe:

2 Tassen Hühnerbrühe (Seite 41)
2 EL Austernsoße
2 EL schwarze Sojasoße
$^1/_2$ EL Sesamöl
1 TL Brandy oder Whisky
$^1/_2$ TL Zucker

Sie geben alle **Brühezutaten** in eine Pfanne, bringen das Ganze zum Kochen und lassen es 5 Minuten lang sieden. Abkühlen lassen.

Sie nehmen eine hitzefeste Kasserrolle und legen den Speck auf den Boden. Hinein kommen nun Krebse, Korianderwurzel, Ingwer, Knoblauch und Pfefferkörner. Obenauf plazieren Sie die Nudeln und fügen Butter, Sojasoße und Suppenbrühe bei.

Bedecken und zum Kochen bringen. 5 Minuten lang sieden lassen. Gut durcheinandermischen und Koriander sowie Frühlingszwiebeln hinzugeben. Bedecken und etwa weitere 5 Minuten sieden lassen, bis die Krebse gar sind. Überschüssige Flüssigkeit vor dem Servieren abgießen.

Nützlicher Tip: Große Garnelen können die Krebse ersetzen, falls diese nicht erhältlich sind.

HOI MA-LAENG POO OB

Gedünstete Miesmuscheln

Schöne orangegrüne Miesmuscheln kontrastieren mit den hellgrünen Basilikumblättern in diesem einfachen, aber hervorragenden Meeresfrüchtegericht.

2 kg Miesmuscheln, gut gesäubert
Eine große Handvoll Basilikumblätter(*Horapa*)

***Soße*:**

$\frac{1}{2}$ Tasse Limonensaft
2 EL Fischsoße
1 TL Zucker
2 Korianderwurzeln, gehackt
2 Knoblauchzehen, zerstoßen
$\frac{1}{2}$ Tasse Wasser

Sie legen die Miesmuscheln in einen Dampfkochtopf mit kochendem Wasser und bestreuen die Muscheln mit den Basilikumblättern. 10 Minuten dünsten lassen. Von der Hitzequelle entfernen und dann 2 Minuten warten, bevor Sie den Dampfkochtopf öffnen.

Inzwischen vermischen Sie die Soßenzutaten miteinander. Zum Kochen bringen, anschließend abkühlen lassen.

Die Muscheln mit der Soße als Tunke servieren.

***Nützlicher Tip*:** Die Muscheln sollten nach dem Dünsten einige Minuten lang bedeckt liegenbleiben. So durchdringt sie das Basilikumaroma.

TAUD MAN GOONG

Fritierte Garnelenpastetchen

Eßstände in Küstenstädten, besonders um Songkhla, Surat Thani und Phuket, bieten einen ähnlichen, aber stark gewürzten Imbiß aus Fisch (*Taud Man Pla*) an. Diese feinere Version, die Garnelen verwendet, wird mit schmackhaftem eingelegtem Gemüse serviert. ⌚⌚

600 g Garnelen
150 g hartes Schweinefett
1 TL Salz
½ TL Zucker
2 Tassen frische Brotkrumen
4 Tassen ÖL

***Beilage*:**

1 Tasse destillierter weißer Essig
½ Tasse Zucker
5 kleine Chilis
2 Schalotten, in Scheiben geschnitten
1 EL in feine Scheiben geschnittener Blumenkohl
1 EL feingeschnittener Babymais
1 EL kleine Gurke, in Scheiben geschnitten

Für die Zubereitung der **Beilage** bringen Sie den Essig und den Zucker zum Kochen und lassen die Mischung dann abkühlen. Das Gemüse hinzugeben, vermischen und beiseitestellen.

Garnelen und Schweinefett zusammen feinhacken oder in einem Mixer zu feiner Konsistenz verarbeiten. Hinzu kommen Salz, Zucker und Brotkrumen, und dann wird das Ganze zu Pastetchen geformt. Fritieren, bis diese goldbraun und duftend sind.

Sie servieren das Gericht heiß und mit der Beilage.

***Nützlicher Tip*:** Beilage und Garnelenpastetchen können im voraus zubereitet werden. Die Garnelenpastetchen erst kurz vor dem Servieren fritieren.

POO JAA

Gefüllte Krebspanzer

Die Füllung dieses delikaten Gerichts kann im voraus zubereitet werden, die Krebse können Sie dann unmittelbar vor dem Servieren füllen und fritieren.

◷◷

4 ganze Krebse
3 Eier, gut geschlagen
5 Tassen ÖL
1 EL Korianderblätter
2 rote Chilis, längs in Streifen geschnitten

Füllung:

175 g Schweinehack
75 g gehackte Garnelen
60 g frisches Krebsfleisch
2 EL feingehackte Zwiebel
1 EL feingeschnittene Frühlingszwiebel
1 TL gemahlener weißer Pfeffer
1 Tl Zucker
$^1/_4$ TL helle Sojasoße
$^1/_4$ TL Salz

Bei der Verwendung von gekochten Krebsen lösen Sie die Panzer vorsichtig und entfernen dann alles schwammige Material. Die Panzer waschen und beiseitestellen. Das Krebsfleisch herauslösen, auch aus den Beinen und Scheren, und 60 g abwiegen. Der Rest kann für ein anderes Gericht verwendet werden.

Rohe Krebse müssen zuerst gedünstet werden, dann verfahren Sie wie oben beschrieben.

Sie vermischen alle Zutaten der **Füllung** miteinander und füllen damit die Krebspanzer.

Das Öl in einer Pfanne erhitzen, die gefüllten Krebse in das geschlagene Ei tauchen, so daß sie gut eingehüllt sind, dann etwa 10-15 Minuten lang fritieren, bis sie gar sind. Auf Küchenpapier gut abtropfen lassen. Vor dem Servieren bestreuen Sie die Krebse mit Koriander und Chili.

HOY LAI PED

Gebratene Venusmuscheln in gerösteter Chilipaste

Verwenden Sie jede Art von Venusmuscheln für dieses schnell zubereitete Gericht. Es lohnt sich, nach der richtigen Art von Basilikum zu suchen, da er den Geschmack der Muscheln maßgebend beeinflußt.

1/3 Tasse Öl
600 g Venusmuscheln in ihren Schalen, gut gesäubert
1 1/2 EL gehackter Knoblauch
5 frische rote Chilis, längs in Scheiben geschnitten
2 EL geröstete Chilipaste (Seite 38)
2 TL helle Sojasoße
1/2 Tasse Hühnerbrühe
Eine große Handvoll Basilikumblätter (*Horapa*)

Sie erhitzen das Öl in einem Wok, geben Muscheln und Knoblauch hinzu und garen die Muscheln, bis sie sich leicht öffnen. Hinzu kommen frische Chilis, Chilipaste und Sojasoße. Gut vermischen und dann die Hühnerbrühe zuschütten. Nun rühren Sie das Basilikum ein und servieren das Gericht sofort. Dazu wird Reis gereicht.

Nützlicher Tip: Weichen Sie die Muscheln vor dem Garen in frischem Wasser ein, das mehmals erneuert wird; insgesamt etwa eine Stunde, damit sie auch wirklich sauber sind.

HAW MOK THALAY

Gedünstete Meeresfrüchtepastetchen

Ein universell beliebtes Gericht, das den Zeitaufwand für die Zubereitung durchaus lohnt. Diese Mischung von Meeresfrüchten, Kokosmilch und Gewürzen wird in kleinen „Tassen" aus Bananenblättern gedünstet. Kleine Auflaufförmchen oder anderes kleines, hitzebeständiges Geschirr kann als Ersatz dienen. ⌚⌚⌚

3/4 Tasse Kokoscreme
1 TL Reismehl
100 g filetierter Fisch, in dünne Scheiben geschnitten
100 g Garnelen, geschält und gesäubert
100 g Tintenfisch, gesäubert und in 5 cm große Stücke geschnitten
2 Eier
2 EL Fischsoße
1 1/4 Tassen Kokosmilch
1/2 Tasse feingehackte Basilikumblätter (*Horapa*)
2 EL zerkleinerte Kaffirlimonenblätter
Frischer Koriander als Garnitur
1 feingeschnittene rote Chili
Bananenblatt-Tassen, 5 qcm oder Auflaufförmchen

***Gewürzpaste*:**

5 getrocknete Chilis, in Wasser eingeweicht und entkernt
3 Knoblauchzehen
2 EL in feine Scheiben geschnittene Galangawurzel
1 TL geraspelte Kaffirlimonenschale
2 TL feingeschnittene Korianderwurzel
5 schwarze Pfefferkörner
1/2 TL Salz
1 TL Shrimpspaste
1 TL feingeschnittenes *Krachai*, wahlweise

Zerstoßen Sie die Zutaten der **Gewürzpaste** in einem Mörser. Alternativ in einem Mixer verarbeiten.

Sie mischen die Kokoscreme mit dem Reismehl und bringen das Ganze zum Kochen. Dabei umrühren, bis es sich verdickt. Vom Herd nehmen, abkühlen lassen und beiseitestellen.

Sie vermischen die Gewürzpaste mit Fisch, Garnelen, Tintenfisch, Ei und Fischsoße und fügen dann – nach und nach – die restliche Kokosmilch hinzu. Hineingemischt werden nun Basilikum und Kaffirlimonenblätter.

Sie legen jeweils eines der restlichen Basilikumblätter auf den Boden eines jeden Täßchens, füllen die Fischmischung darauf, bedecken das Ganze und dünsten es 15 Minuten lang. Die Tassen aus dem Dampfkochtopf nehmen, und auf jede ein wenig gekochte Kokoscreme sowie ein Korianderblatt, Kaffirlimonenblatt und aufgeschnittene Chili geben. Wieder in den Dampftopf legen, eine weitere Minute garen, dann aus dem Topf nehmen.

PLA CHORN PHAD PRIK KHING

Knuspriger Fisch mit roter Currysoße

Pla Chorn, ein Fisch, der der spanischen Makrele ähnelt, wird für dieses Rezept bevorzugt. Fischstücke werden hier knusprig gebraten und mit einer dikken würzigen Soße bedeckt. Ein jeder fester weißer Fisch kann als Ersatz dienen. ⌚

3 EL rote Currypaste (Seite 38)
1 Tasse Kokosmilch
Fischsoße nach Geschmack
1 TL Zucker (oder nach Geschmack)
2 EL getrocknete Garnelen oder Shrimps, gemahlen
400 g Fischfilets oder -steaks
Öl fürs Fritieren
1-2 grüne Bohnen, in 2 cm lange Stücke geschnitten (wahlweise)
1 Kaffirlimonenblatt, fein zerkleinert

Sie erhitzen die Currypaste in Kokosmilch, bis sich die Soße verdickt, und geben dann Fischsoße und Zucker nach Geschmack hinzu. Es folgen die getrockneten Garnelen oder Shrimps.

Den Fisch gründlich trocknen, dann in sehr heißem Öl fritieren, bis er knusprig und goldfarben ist. Beiseitestellen.

Serviert wird der Fisch auf einer Platte. Obenauf geben Sie die Soße, das zerkleinerte Limonenblatt und die zerschnittenen grünen Bohnen (letztere wahlweise).

PLA NUEA ORN

Flußfisch mit Chilisoße

Obwohl in Thailand Süßwasserfisch für dieses Gericht bevorzugt wird, kann auch jeder gute weiße Seefisch verwendet werden. ⌚⌚

1 ganzer Süßwasserfisch, etwa 1 kg, oder 2 kleinere Fische
150 g getrocknete rote Chilis, in Wasser eingeweicht und entkernt
100 g Knoblauch, geschält
100 g Schalotten, geschält
½ EL Shrimpspaste
4 Tassen Öl
Fischsoße nach Geschmack
1 TL Zucker
10 Kaffirlimonenblätter, sehr fein zerkleinert

Sie schuppen und säubern den Fisch gründlich und entfernen – falls erwünscht – den Kopf. Sie versehen den Rücken des Fisches aus dekorativen Gründen mit etwa 1 cm langen Schnitten.

Chilis, Knoblauch und Schalotten feinhacken, dann mit der Shrimpspaste vermischen. Es kommen 3 EL Öl hinzu; braten lassen, bis es duftet, dann geben Sie Fischsoße und Zucker hinzu.

Den Fisch gründlich trocknen lassen, dann fritieren, bis er gar ist. Auf eine Platte legen und mit der Soße begießen. Mit Kaffirlimonenblättern bestreuen und sofort servieren.

PLA SAMLEE DAD DEOW

Fritierter Fisch mit Mangosalat

Der saure Geschmack unreifer Mangos vermischt mit anderen Gewürzen bereichert den Geschmack des frischen gebratenen Fisches. Nehmen Sie einen festen Fisch mit weißem Fleisch. ⌚⌚

1 kleiner frischer Fisch, etwa 300 g schwer
2 Tassen Öl
350 g grüne unreife Mango, in kleine Stifte geschnitten
3 EL in Scheiben geschnittene Schalotten
5 rote oder grüne kleine Chilis, gehackt
1 EL gehackter Palmzucker (oder nach Geschmack
Fischsoße nach Geschmack
Limonensaft nach Geschmack
$^1/_4$ Tasse geröstete Cashewnüsse als Garnitur

Sie säubern und schuppen den Fisch und entfernen den Kopf. Der Länge nach von unten aufschneiden und vorsichtig das Rückgrat und die anderen Gräten herauslösen. Gründlich trocknen und beiseitestellen.

Alle anderen Zutaten miteinander vermischen. Sie schmecken das Ganze ab und fügen etwas Fischsoße hinzu, falls nicht salzig genug. Fehlt es an saurem Geschmack nehmen Sie etwas Limonensaft.

Den Fisch in heißem Öl fritieren, bis er knusprig und goldfarben ist.

Abtropfen lassen und den Fisch mit Mangogarnitur in der Mitte servieren. Obenauf streuen Sie die gerösteten Cashewnüsse.

KAI YAD SAI

Gefüllte Omeletts

Dieses Gericht, besonders zur Mittagszeit beliebt, findet man oft auf den Speisekarten einfacher Restaurants und an Straßenständen. Das Omelett kann auch mit Reis als Teil einer Hauptmahlzeit gereicht werden. 🕐🕐

1/4 Tasse Öl
100 g Schweinehack
3 EL gewürfelte Tomaten
3 EL gekochte grüne Erbsen
2 EL in feine Scheiben geschnittene Zwiebel
1/2 EL Zucker
1 EL Fischsoße
1/4 TL weißes Pfefferpulver
1/4 TL schwarze Sojasoße
3 Eier, geschlagen
3 EL gehackte Korianderblätter
1 rote Chili, in Scheiben geschnitten

Sie erhitzen die Hälfte des Öls in einem Wok bei hoher Hitze und verrühren das Schweinehack 2 Minuten lang in einer Pfanne. Alle übrigen Zutaten außer den Eiern und dem restlichen Öl hinzufügen. Garbraten und dann beiseitestellen.

Sie erhitzen eine Pfanne von etwa 15-20 cm Durchmesser und geben einen Tropfen des verbleibenden Öls hinein. Hinzu kommt gerade soviel Ei, daß es auf dem Boden der Pfanne eine dünne Schicht bildet. Das Omelett leicht auf beiden Seiten bräunen und dabei wenden. Den Vorgang wiederholen, bis das Ei aufgebraucht ist.

Um das Omelett zu füllen, plazieren Sie einen Löffel der Schweinefleischmischung in die Mitte und falten die Ende des Omeletts ein, so daß es einem Quadrat ähnelt. Auf eine Servierplatte legen und den Vorgang wiederholen, bis Ei und Schweinefleischmischung aufgebraucht sind.

Mit Korianderblättern und feinen roten Chilischeiben garnieren und mit Reis servieren.

GAENG KHEOW WAN GAI

Grünes Hühnercurry

Ein duftendes, cremiges Curry, das stets beliebt ist. Sie entfernen die Haut des Huhns, wenn das Gericht weniger fett sein soll. ⌚⌚

$^1/_2$ Tasse Kokoscreme
3 EL grüne Currypaste (Seite 38)
400 g Hühnerbrust, in Scheiben geschnitten
$1^1/_2$ Tassen Kokosmilch
2 Kaffirlimonenblätter
$1^1/_2$ EL Fischsoße
1 TL Zucker
150 g Aubergine, in mundgerechte Happen geschnitten
$^1/_4$ Tasse Basilikumblätter (*Horapa*)
2-3 rote Chilis, in Längsstreifen geschnitten

Sie erhitzen die Kokoscreme, bis diese einen öligen Schimmer annimmt, geben dann die Currypaste hinzu und rühren gut um. Es folgt das Huhn, das gegart wird, bis es seine Farbe verändert.

Die nächsten Zutaten, die in den Kochtopf wandern, sind Kokosmilch, Limonenblätter, Fischsoße und Zucker. Zum Kochen bringen, dann die Aubergine beigeben. Das Huhn soll sieden, bis es gar ist, und dann geben Sie Basilikum und Chilis in den Topf. Vom Herd nehmen und servieren.

Nützliche Tips: Dieses Gericht kann im voraus zubereitet werden, indem sie das Huhn garkochen. Basilikum und Chilis geben Sie dann beim Wiederaufwärmen hinzu, kurz vor dem Servieren.

GAI HOR BAI TOEY & GAI YANG

In Pandanusblättern gebratenes Huhn & Grillhähnchen

Rechts: *Gai Hor Bai Toey (Gai Yang ist nicht abgebildet).*

GAI HOR BAI TOEY

Duftende Schraubenbaum- oder Pandanusblätter verleihen dem Huhn sein subtiles Aroma. ⌚⌚

1 kg Hühnerschenkel
20 Pandanusblätter
Öl fürs Fritieren

Marinade:

2 EL helle Sojasoße
2 EL Austernsoße
1 TL Zucker
2 TL Sesamöl
Jeweils 1 TL Knblauch und Korianderwurzel, zusammen zu einer Paste zerstoßen

Soße:

1 Tasse destillierter weißer Essig
½ Tasse Zucker
2 EL schwarze Sojasoße
1 TL weiße Sesamsamen, gebraten
¼ TL Salz

Die Knochen des Huhns entfernen und die Schenkel in 4 Stücke schneiden. Die **Marinade** anmachen und das Hühnerfleisch 3 Stunden lang marinieren. Die **Soßenzutaten** vermischen und beiseitestellen.

2 oder 3 Stücke Huhn mit Pandanusblatt einwickeln (siehe Foto). Fritieren, bis es duftet. Sie servieren das Gericht mit der Soße als Tunke und gedünstetem Reis.

GAI YANG

Die nordöstliche Version eines Gerichtes, das man im ganzen Land findet. ⌚⌚

1 Huhn (125 g), in große Stücke geschnitten

Marinade:

10 Knoblauchzehen, feingehackt
2 EL schwarze Pfefferkörner, zerstoßen
2 EL helle Sojasoße
2 EL Zucker
2 EL Brandy oder trockenen Sherry
1 TL Salz

Soße:

1 Tasse destillierter weißer Essig
½ Tasse Zucker
3 Knoblauchzehen, grobgehackt
2 rote Chilis, feingemahlen
1 TL Salz

Das Huhn mit der **Marinade** vermischen und 3-4 Stunden stehen lassen. Die **Soßenzutaten** vermischen, zum Kochen bringen und sieden lassen, bis sich die Soße verdickt. Sie soll anschließend abkühlen.

Das Huhn über Holzkohle oder im Ofen grillen, bis es gar ist, dabei hin und wieder wenden. Sie servieren das Huhn mit einfachem Reis oder Klebreis und *Som Tam* (siehe Seite 72).

GAENG PED GAI NAW MAI

Rotes Hühnercurry mit Bambussprossen

Frische Bambussprossen sind in Thailand ein saisonales Gemüse und haben eine Süße und Textur, die von Bambussprossen aus der Dose nicht erreicht wird. Dennoch sind sie ein akzeptabler Ersatz und bieten einen Kontrast zum zarten Huhn dieses curryartigen Gerichts.

½ Tasse Kokoscreme
1 EL rote Currypaste (Seite 38)
400 g Huhn ohne Knochen, gewürfelt
1½ Tassen Kokosmilch
300 g Bambussprossen (längs in Scheiben geschnitten)
2 EL Fischsoße
¼ TL Salz
1½ TL Zucker
5 Kaffirlimonenblätter, halbiert
1 frische rote Chili, längs in feine Scheiben geschniten
½ Tasse Basilikumblätter (*Horapa*)

In einem Topf bringen Sie die Kokoscreme zum Kochen. Sieden lassen und dabei ständig umrühren, bis die Oberfläche einen öligen Schimmer annimmt. Hinzu kommen die rote Currypaste und das Huhn sowie nach gründlichem Umrühren die Kokosmilch und Bambussprossen.

Sie garen das Huhn, bis es zart ist, und geben dann Fischsoße, Salz, Zucker, Kaffirlimonenblätter und Chili in den Topf. Vom Herd nehmen und mit Basilikum garnieren.

Nützliche Tips: Bei der Verwendung von Bambussprossen aus der Dose schütten Sie das Dosenwasser ab und kochen die Sprossen 5 Minuten lang in frischem Wasser, um jeglichen metallischen Geschmack zu eliminieren. Frische Bambussprossen sollten gesiedet werden, bis sie fast zart sind, bevor man sie dem Curry beifügt.

GAENG PED

Curry mit Bratente

Gewürzte rotgebratene Ente, wie sie von chinesischen Restaurants und Lebensmittelgeschäften angeboten wird, ist die Basis dieses sehr schmackhaften Currys. 🕒🕒

1 gebratene Ente
½ Tasse Kokoscreme
3 EL rote Currypaste (Seite 38)
1½ Tassen Kokosmilch
2-3 große Tomaten, in Scheiben geschnitten
1 Tasse grüne Bohnen, in Stücke von 1 cm geschnitten
1 kleine Aubergine, in 1 cm großen Scheiben
4 Kaffirlimonenblätter
2 EL Fischsoße
1 TL Zucker
½ TL Salz
10 Basilikumblätter (*Horapa*)
4 rote oder grüne Chilis, längs in feine Scheiben geschnitten

Sie entfernen alle Knochen der Ente und schneiden das Fleisch in mundgerechte Stücke.

Die Kokoscreme bei mittlerer Hitze auf den Herd stellen und die rote Currypaste hinzufügen, dabei gut umrühren. Es folgen die Ente und dann die restliche Kokosmilch sowie Tomaten, Bohnen, Aubergine, Kaffirlimonenblätter, Fischsoße, Zucker und Salz. Zum Kochen bringen und vom Herd nehmen.

Sie bestreuen das Gericht mit den Basilikumblättern und roten oder grünen Chilis. Mit weißem Reis servieren.

Hinweis: Die kleinen Auberginen oder grünen Bohnen verleihen dem sämigen Curry eine leicht knackige Textur.

KHA KOB PHAD PED

Froschschenkel mit Chili und Basilikum

Frösche, die in den *Klongs* oder Kanälen und Reisfeldern Thailands gefunden werden, bezeichnet man manchmal euphemistisch als „Reisfeldhühner". Froschfleisch ist zart und ähnelt dem des Huhns.

$^1/_3$ Tasse Öl
8 Paare Froschschenkel
1 EL grüne Pfefferkörner
3 rote Chilis, längs in Scheiben geschnitten
8 cm Galangawurzel, in feine Stifte geschnitten
2 TL Fischsoße
$^1/_2$ TL gehackter Palmzucker
Eine große Handvoll Basilikumblätter (*Horapa*)

Sie erhitzen das Öl in einem Wok, bis es sehr heiß ist. Froschschenkel und Pfefferkörner hineingeben und bei hoher Hitze einige Minute lang pfannenrühren. Nun kommen Chilis, Galangawurzel, Fischsoße und Zucker in den Wok. Gut vermischen und eine weitere Minute garen. Sie rühren dann Basilikum ein, stellen die Hitzezufuhr ab und servieren das Gericht mit Reis.

Nützlicher Tip: Sie können 250 g gewürfeltes Huhn ohne Knochen statt Froschschenkeln verwenden.

KAW MOO YANG

Schweinehals mit Chilisoße

Die beliebte Thai-Würzkombination Knoblauch, schwarzer Pfeffer und Korianderwurzel wird in Verbindung mit chinesischer Austern- und Sojasoße zur Marinierung des Schweinefleisches verwendet, das man anschließend grillt und mit einer würzigen Soße serviert. 🕐

600 g Schweinehals am Stück

Marinade:

Jeweils 1 EL gehackter Knoblauch, Korianderwurzel und schwarze Pfefferkörner, zusammen zu einer Paste zerstoßen
2 EL Austernsoße
2 EL helle Sojasoße
1 EL Zucker

Soße:

2 Schalotten, in dünne Scheiben geschnitten
1 TL Chilipulver
1 EL Fischsoße
1 EL Limonensaft

Sie vermischen alle **Marinadezutaten** miteinander und marinieren das Schweinefleisch 1 Stunde lang.

Während das Fleisch in seiner Beize liegt, mischen Sie die Zutaten der **Soße** und stellen diese dann beiseite.

Das Fleisch über Holzkohle oder in einem sehr heißen Grill garen. Sie schneiden es anschließend in dünne diagonale Scheiben und legen es auf eine Servierplatte. Mit Soße und gedünstetem Klebreis und Gurkenscheiben servieren.

Nützlicher Tip: Steht Schweinehals nicht zur Verfügung, nehmen Sie ein anderes Teil vom Schwein, etwa Lende oder Schweinebauch, das eine dünne Schicht Fett aufweist.

GAENG MUSSAMAN

Mussaman-Rindercurry

Gewürze wie Kardamom und Zimt sind von indisch-moslemischen Händlern nach Thailand gebracht worden, und Gerichte mit diesen Gewürzen werden als Mussaman-Currys (moslemische Currys) bezeichnet. Diese Version aus Südthailand verwendet die Mussaman-Grundcurrypaste und andere Gewürze. ⌚⌚

3 EL Mussaman-Currypaste (Seite 38)
$^1/_2$ Tasse Kokoscreme
500 g Rinderfilet oder Rindfleisch für Eintopf
2 Tassen Kokosmilch
5 Kardamomsamen, geröstet, bis sie duften
1 Zimtstange von etwa 8 cm Länge
200 g Kartoffeln, geschält und in große Stücke geschnitten
1 gehäufter EL ungesalzene Erdnüsse, gehackt
10 Schalotten
3 Lorbeerblätter
3 EL gehackter Palmzucker
2 EL Fischsoße
3 EL Tamarindensaft

Sie garen Currypaste und Kokoscreme 5 Minuten lang zusammen, geben dann das Rindfleisch hinzu und braten es 8-10 Minuten lang. Nun schütten Sie den Rest der Kokosmilch hinein und lassen das Ganze 10 Minuten sieden.

Alle übrigen Zutaten beifügen und kochen lassen, bis Kartoffeln und Fleisch zart sind.

Mit eingelegtem Ingwer in Scheiben, eingelegtem Gemüse und Reis servieren.

Hinweis: Die Kartoffeln bieten in der Beschaffenheit einen Kontrast zur würzigen Soße.

GAENG PED MOO

Rotes Schweinecurry

Schwein ist die beliebteste Fleischart in Thailand und wird auf viele verschiedene Arten zubereitet. Dies ist ein sehr einfaches, schnell zubereitetes Curry. ⌚⌚

$^1/_2$ Tasse Kokoscreme
1 EL rote Currypaste (Seite 38)
400 g Schweinefilet, in 1 cm dicke Scheiben geschnitten
$^1/_3$ Tasse Aubergine, zu Erbsengröße zerkleinert
$1^1/_2$ Tassen Kokosmilch
$1^1/_2$ EL Fischsoße
$1^1/_2$ TL Zucker
5 Kaffirlimonenblätter, halbiert
1 frische rote Chili, längs in feine Scheiben geschnitten
$^1/_2$ Tasse Basilikumblätter (*Horapa*)

Sie bringen die Kokoscreme unter ständigem Umrühren zum Kochen. Hinzu kommen die rote Currypaste, das Schweinefleisch und die Aubergine. Gut umrühren und garen, bis das Fleisch durch ist (dies dauert etwa 5 Minuten).

Sie geben Fischsoße, Salz, Zucker, Kaffirlimonenblätter und Chili hinzu. Umrühren und nochmals gründlich erhitzen, dann vom Herd nehmen und mit Basilikum garnieren.

Nützlicher Tip: Falls Schweinefilet nicht zur Verfügung steht, nehmen Sie ein anderes mageres Stück vom Schwein. Die Garzeit mag sich dadurch verlängern.

PANAENG NUEA

Trockenes Rindercurry

Rind nach südlicher Art, scharf und nach typisch indischen Gewürzen duftend. Die Verwendung von Palmzucker, Erdnüssen und Kaffirlimonenblättern ist jedoch charakteristisch für die Thai-Küche.

1 EL Koriandersamen, gemahlen
2 TL Kreuzkümmelsamen, gemahlen
3 EL Mussaman-Currypaste (Seite 38)
½ Tasse Kokoscreme
400 g Rindfleisch, in dünne Streifen geschnitten
1½ Tassen Kokosmilch
½ Tasse geröstete Erdnüsse, gemahlen
2 EL Fischsoße
3 EL gehackter Palmzucker
6 Kaffirlimonenblätter, in zwei Teil gerissen
1 rote Chili, in dünnen Scheiben

Vermischen Sie den gemahlenen Koriander und Kreuzkümmel mit der Mussaman-Currypaste.

Die Kokoscreme erhitzen, bis etwas Öl an die Oberfläche tritt, dann die Currypaste hinzufügen und langsam sowie unter ständigem Umrühren zum Kochen bringen.

Sie geben die Rindfleischstreifen hinein und garen diese 5 Minuten lang, dann folgen die restliche Kokosmilch und alle anderen Zutaten außer Kaffirlimonenblättern und Chili. Gut umrühren und sieden lassen, bis das Fleisch zart und das Öl aus der Kokosmilch heraus ist.

Nun kommen Kaffirlimonenblätter und Chili zum Einsatz. Vom Herd nehmen und mit weißem Reis servieren.

TAB TIM GROB & KLOEY BUAD CHEE

Rote Rubine & Bananen in Kokosmilch

***Rechte Seite**: Tab Tim Grob (oben), Kloey Buad Chee (rechts) und Bua Loi (links). Das Rezept für Bua Loi finden Sie auf Seite 126.*

ROTE RUBINE

Dieser ziemlich poetische Name bezieht sich auf winzige gewürfelte Wassernüsse, die rotgefärbt und mit gesüßter Kokosmilch serviert werden. Eines der beliebtesten Thai-Desserts. ⌚⌚

1 Tasse (etwa 250 g) feingewürfelte Wassernüsse
Rote Lebensmittelfarbe
1/2 Tasse Tapiokamehl
1/2 Tasse Zucker
3/4 Tasse Wasser
3/4 Tasse Kokosmilch
Zerstoßenes Eis

Sie bestreuen die Wassernüsse mit roter Lebensmittelfarbe und rühren, bis sie ein kräftiges Rot angenommen haben. Sie geben das Mehl in eine Plastiktüte mit den Wassernüssen und schütteln kräftig, damit die Wassernüsse gut mit Mehl eingestäubt werden. Anschließend in einem Sieb schütteln, um überschüssiges Mehl zu entfernen.

Sie bringen 5 Tassen Wasser zum Kochen, geben die Wassernüsse hinzu und lassen diese 3 Minuten sieden. Das Wasser abgießen und die Wassernüsse in kaltes Wasser schütten. Wasser wiederum abgießen, und die Wassernüsse auf ein Tuch legen.

Sie kochen Zucker und Wasser, damit Sirup etsteht, lassen ihn abkühlen und gießen die Kokosmilch hinzu. Zum Servieren löffeln Sie einige der Wassernüsse in Dessertschalen und geben Sirup und Eis hinzu. Stücke reifer Jackfrucht oder junge Kokosnuß sind weitere mögliche Beilagen.

Nützliche Tips: Wenn auch schwierig zu schälen, so haben Wassernüsse doch eine delikate Süße und hervorragende Textur. Ersatz: Yamsbohne.

BANANEN IN KOKOSMILCH

Es gibt mehr als ein Dutzend Bananenarten in Thailand. Dieses Rezept verwendet die winzige süße Sorte, auch „Fingerbananen" genannt. Bei der Verwendung von großen Bananen werden diese diagonal in 8 cm große Stücke geschnitten. ⌚

2 Tassen dünne Kokosmilch
1/2 Tasse Zucker
1/4 TL Salz
3 kleine Bananen, diagonal in 2 Hälften geschnitten

Sie gießen die Kokosmilch in einen Topf und geben Zucker und Salz hinzu. Zum Kochen bringen und dabei ständig umrühren, damit sich die Kokosmilch nicht abtrennt. Die Bananen hinzufügen, vorsichtig 5 Minuten garen lassen und dann vom Herd nehmen. Heiß oder kalt servieren.

SANGKAYA FAK THONG & BUA LOI

Kürbispudding & Reisklößchen in Kokosmilch

Rechts: Sangkaya Fak Thong. Abbildung von Bua Loi auf Seite 125.

KÜRBISPUDDING

Eine dekorative Nachspeise, bei der ein üppiger Kokosmilchpudding in einem kleinen Kürbis gedünstet wird. ⏲

- **5 Eier (2 davon, wenn möglich, Enteneier)**
- **1 Tasse Kokoscreme**
- **1 Tasse gehackter Palmzucker oder $^1/_2$-$^3/_4$ Tasse weißer Zucker**
- **1 ganzer kleiner Kürbis, etwa 20 cm im Durchmesser**

Sie rühren die Eier mit Kokoscreme und Zucker, bis die Mischung schaumig ist.

Den Kürbis oben aufschneiden und vorsichtig Samen und Fasern herauslöffeln. Die Kokoscrememischung hineingießen, den abgeschnittenen Teil des Kürbisses wieder aufsetzen und das Ganze über kochendes Wasser setzen. Etwa 30 Minuten dünsten oder so lange, bis die Mischung fest geworden ist.

Abkühlen lassen (am besten im Kühlschrank) und zum Servieren in dicke Scheiben schneiden.

Nützliche Tips: Die Enteneier verleihen dem Pudding eine festere Beschaffenheit. Bei der Verwendung von Palmzucker drücken Sie die Puddingmasse durch ein Sieb, bevor Sie diese in den Kübis geben.

REISKLÖSSCHEN IN KOKOSMILCH

Ein einfaches und günstiges Gericht in Thailand, wo Klebreismehl und Kokosmilch überall erhältlich sind. ⏲⏲

- **3 Tassen Klebreismehl**
- **4 Tassen Kokoscreme**
- **2 Tassen Zucker**
- **1 TL Salz**

Sie mischen das Reismehl mit genügend Wasser, damit eine feste Paste entsteht. Gut durchkneten und zu erbsengroßen Kügelchen formen. Einen großen Topf Wasser zum Kochen bringen und die Kügelchen hineingeben. Wieder herausnehmen, wenn sie an die Oberfläche treiben. Abtropfen lassen.

Sie bringen die Hälfte der Kokoscreme unter ständigem Umrühren zum Kochen und geben dann die Mehlklößchen hinzu. Wenn die Mischung wieder zu Kochen anfängt, von der Hitzequelle nehmen und die restliche Kokoscreme einrühren. In kleinen Schalen servieren.

Nützlicher Tip: Mais aus der Dose und gekochte gewürfelte Wassernüsse (siehe Seite 124) können zu den Reisklößchen gegeben werden, was für mehr Farbe und Abwechslung sorgt.

KHAO MAO TOD & KAO TOM MAD

Fritierte Bananen & Bananen mit Klebreis

FRITIERTE BANANEN

Bananen werden hier in einer Mischung aus Reisflocken, geraspelter Kokosnuß und Palmzucker gerollt, bevor man sie dann in den Ausbackteig taucht und fritiert. ⌚⌚

600 g frisch geraspelte Kokosnuß
250 g Palmzucker, gehackt
400 g Reisflocken (*Khoa Mao*)
10 kleine „Fingerbananen"

***Ausbackteig*:**

3 Tassen Klebreismehl
1 Tasse Kokosmilch, 1 Tasse Wasser
1 Ei, leicht geschlagen
1 EL Seamsamen

Kokosnuß, Palmzucker und Reisflocken gemeinsam eine halbe Stunde lang in einer kunstoffbeschichteten Pfanne sautieren und dabei häufig umrühren. Beiseitestellen. Die Ausbackteigzutaten vermischen und 3 Stunden stehen lassen.

Kurz vor dem Servieren rollen Sie jede Banane in der sautierten Mischung. Anschließend in den Teig tauchen und goldbraun fritieren. Die Bananen heiß servieren.

***Nützliche Tips*:** Flache Reiskörner oder Reisflocken werden oft *Pinipig* genannt. Auch Weizenflocken können als Ersatz dienen.

***Rechte Seite*:** *Kao Tom Mad (links) und Khao Mao Tod (rechts).*

BANANEN MIT KLEBREIS

Eine interessante Kombination von Klebreis, schwarzen Bohnen und Bananen. ⌚⌚

300 g Klebreis, 1 Stunde in Wasser eingeweicht
2 Tassen Kokoscreme
4 EL Zucker
Eine Prise Salz
200 g getrocknete schwarze Bohnen, über Nacht eingeweicht und dann weichgekocht
4 kleine breite Bananen, halbiert
8 Stück Bananenblatt oder Aluminiumfolie, ca. 15 x 25 cm

Sie vermischen den eingeweichten und dann abgetropften Klebreis mit Kokoscreme, Zucker und Salz und bringen das Ganze zum Kochen, vorzugsweise in einer kunststoffbeschichteten Pfanne. Sieden lassen und häufig umrühren, bis der Reis zart und alle Kokosmilch absorbiert ist. Dies dauert etwa 15 Minuten. Abkühlen lassen.

Sie nehmen ein Stück Bananenblatt und geben etwas Reis und einen gehäuften Teelöffel schwarze Bohnen darauf. Eine Bananenhälfte kommt obenauf, und sie wird mit mehr Reis und schwarzen Bohnen bedeckt. Dann das Blatt einfalten und festbinden. Den Vorgang wiederholen, bis die Bananen aufgebraucht sind. 15 Minuten dünsten, abkühlen lassen. Zum Servieren aus der Umhüllung nehmen.

Register